KB231911

벵골어 실용 용어

Bengali Practical Terminology For
Foreign Workers And Employers

신민호

 문예림

지은이 **신 민 호**

다카대학교(University of Dhaka) 한국어 Higher Diploma 과정 졸업, 동 대학 정치외교학 석사 과정을 졸업하였다. 주요 활동으로 방글라데시와 한국간 비즈니스 협력을 위한 전문 통역번역 및 컨설팅, 2005년부터 수년간 안산 시화 단지를 중심으로 경기권을 비롯한 전국의 한국 내 방글라데시 근로자와 한국 사업주 간 통역 및 상담을 이어오며 각종 TV 영상, 신문사, 법원 등 통역번역 및 다수의 번역기관에서 전문 번역가로 활동하고 있으며, 중소기업중앙회 벵골어 통역번역 전문위원으로 활동하고 있다. 저서로는 〈활용 벵골인-한국어 한국인-벵골어 회화〉가 있다.

외국인 근로자와
사업주를 위한

벵골어 실용 용어

초판 인쇄   2017년 4월 10일
초판 발행   2017년 4월 20일

지은이   신 민 호
발행인   서 덕 일
펴낸곳   도서출판 문예림
등록   1962. 7. 12 제2-110호
주소   경기도 파주시 회동길 366(서패동) (10881)
전화   (02)499-1281~2
팩스   (02)499-1283
홈페이지   http://www.bookmoon.co.kr
E-mail   info@bookmoon.co.kr

ISBN   978-89-7482-883-7 (12730)

머리말

　한국의 산업 인력 부족으로 한국 정부의 시책 아래 여러 나라의 우수한 인력이 한국에 와서 산업 인력 부족분을 채우며 한국 경제 발전에 이바지하고 있다. 이런 외국인 근로자들은 처음에 와서 일에만 부족한 게 아니라 한국말, 한국 문화, 한국 법규 등을 잘 알지 못해 어려움을 겪고 있다. 일터에서는 사업주와 외국인 근로자간에 의사 소통에 문제가 보인다. 일반적인 상황에서 꼭 전달해야 하는 기본적인 내용조차도 사업주가 근로자에게 이해시키기 어렵다. 이와 같이 외국인 근로자들도 사업주나 동료들, 그리고 노동부나 출입국 관리사무소에 하고 싶은 말을 하거나 필요한 내용을 상담받으려 해도 상담받고자 하는 내용의 원활한　전달이 어렵다.

　2005년부터 지금까지 13년동안 수많은 사업주와 외국인 근로자들의 이러한 문제 뿐만 아니라 또 다른 여러 문제들을 직접 귀로 듣고 눈으로 보고 가끔 통역원과 상담원의 역할로 현장에서 직접 느끼며 그 분들의 필요와 요구에 조금이라도 도움이 되고자 한 저의 진정한 경험과 노력의 결과가 바로 이 책이다.

2017년 4월
신 민 호

লেখকের কথা

কোরিয়াতে শিল্প ক্ষেত্রে লোক বলের ঘাটতি থাকার করণে সরকারী অনুমোদন সাপেক্ষে বিভিন্ন দেশ থেকে অদক্ষ বিদেশী শ্রমিকেরা এসে সেই ঘাটতি পূরণ করে কোরিয়ার অর্থনৈতিক উন্নয়নে সহায়তা করছেন। এইসব বিদেশী শ্রমিকেরা প্রথম পর্যায়ে শুধু কর্মেই অদক্ষ নয়, তাঁরা কোরিয়ান ভাষা, কালচার, রীতি-নীতি, আইন-কানুনের ক্ষেত্রেও বেশ অপরিপক্ক।

কর্মস্থলে মালিক-শ্রমিকের কথা বার্তা আদান প্রদানেও বেশ সমস্যা দেখা যায়। এমন কি সাধারণ ও বিশেষ উপদেশ মূলক কথা যা প্রাথমিক ভাবে বলা অতীব প্রয়োজন সেটাও মালিক বিদেশী শ্রমিকে বলে বোধগম্য করাতে পারছেন না। তদ্রূপ বিদেশী শ্রমিকেরা তাঁদের মনের

INDUSTRY

TRANSPORT

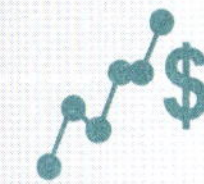

ECONOMICS

RELIGION

একান্ত কথাটি মালিককে, কোরিয়ান সহকর্মীকে, শ্রম মন্ত্রণালয় বা ইমিগ্রাসন অফিসে পরামর্শের জন্য বলতে পারছেন না।

২০০৫ সাল থেকে এনাগাদ ১৩ বছর যাবত অগনিত মালিক-শ্রমিকদের এধরণের সমস্যা ছাড়াও নানাবিধ সমস্যা নিজ কানে শুনে, স্বচক্ষে দেখে, কখনোবা দোভাষী বা পরামর্শদাতা হিসাবে সরাসরি উপস্থিত হয়ে মালিক ও বিদেশী শ্রমিকদের প্রয়োজনীয়তা উপলব্ধি করে একটু হলেও তাঁদের প্রয়োজন মেটাতে আমার আন্তরিক প্রচেষ্টার ফলই হলো এই পুস্তিকা।

목차

সূচীপত্র

동경 127° 30', 북위 37° 00
Republic of Kore

서울
(Seoul)

총
99.720
km²
AREA

총
51,619,330
명
POPULATION

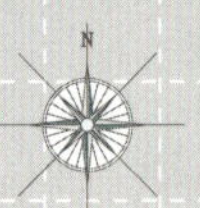

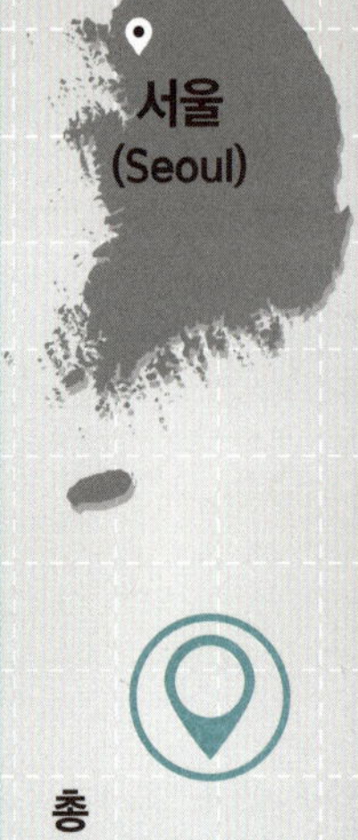

자본주의
INDUSTRY

지하철
버스, 택시
TRANSPORT
1인당 GDP
2만 5,990
달러(16년)
ECONOMICS

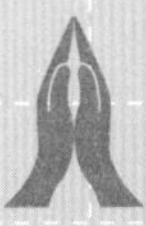
불교·그리스도교·
유교 및 신흥종교
RELIGION

01. 노동법과 관련된 용어

শ্রম ও শ্রম আইন সমন্ধীয় নির্বাচিত শব্দাবলী

01

노동법과 관련된 용어
노동 및 노동법 관련 ~~
슈티 이미 슈티 기기 기기 ~

한국어	바그라 보의
사업장	ব্যবসার স্থান/কোম্পানী
사업주	কোম্পানীর মালিক
사용자	নিয়োগ দাতা
사장(님)	মালিক
사용자의 허가 없이	মালিকের অনুমতি ছাড়া
다른 사업장	অন্য কোম্পানী
노동법	শ্রম আইন
외국인 근로자	বিদেশী শ্রমিক

근로	শ্রম/কাজ
근로자	শ্রমিক
근로계약	শ্রম চুক্তি
근로계약기간	শ্রম চুক্তির মেয়াদ
근로계약갱신	শ্রম চুক্তি নবায়ন
고용허가	নিয়োগ অনুমতি
고용허가 제도	নিয়োগ অনুমতির পদ্ধতি/ইপিএস
고용허가 기간	নিয়োগ অনুমতির সময় কাল
건강진단	মেডিকেল চেক আপ
임금	বেতন
근로시간	কাজের সময়

취업교육	নিয়োগ সংক্রান্ত প্রশিক্ষণ
취업교육 기간	নিয়োগ সংক্রান্ত প্রশিক্ষণের সময় কাল
재고용	পুনরায় চুক্তি
임시출국	সাময়িক প্রস্থান
자진출국	বৈধ সময়ের মধ্যে প্রস্থান
강제출국	জোরপূর্বক ফেরত পাঠানো
사업장 이동	কর্মস্থল পরিবর্তন
이동 금지	পরিবর্তন নিষেধ
사업장 이동이 제한	কর্মস্থল পরিবর্তন সীমিত
보험	বীমা
산재보험	কলকারখানায় দুর্ঘটনার জন্য সহায়তা বীমা।

산업재해 보상보험(산재보험)	কলকারখানায় দর্ঘটনার জন্য সহায়তা বীমা।
국민건강보험	জাতীয় স্বাস্থ্য বীমা
출국 만기보험	অবসর ভাতা বীমা
귀국비용보험	দেশে ফিরে যাওয়ার খরচ সম্বন্ধে বীমা
상해보험	ক্যাজুয়াল ইনসুরেন্স
임금 체불 보증보험	না দেওয়া বেতনের গ্যারান্টি বীমা
국민연금	জাতীয় বয়স্ক ভাতা (ন্যাশনাল পেনশন)
퇴직금	অবসর ভাতা
미지급	বকেয়া
미지급 신고	বকেয়া বেতনের জন্য অভিযোগ
부상	ক্ষতি পুরন

재해보상	দুর্ঘটনায় ক্ষতি পুরন
사망	মারা যাওয়া
요양급여	মেডিকেল কেয়ার বেনিফিট
휴업급여	কাজ না করতে পারা কালিন বেতন
평균임금	গড় বেতন
유족급여	কাজের সময় দুর্ঘটনায় শ্রমিক মারা গেলে তার পরিবারের অন্য সদস্যকে জীবন যাপনের জন্য প্রদেয় অর্থ
장례비	অন্ত্যেষ্টি ক্রিয়ার জন্য প্রদত্ত অর্থ
장애급여	শারীরিক অক্ষমতার জন্য বেতন
고용지원센타	জব সেন্টার
취업알선	কর্মস্থান নির্ধারন

이탈	না জানিয়ে চলে যাওয়া
무단결근	ছুটি না নিয়ে অনুপস্থিত থাকা
근로계약해지	শ্রম চুক্তি বাতিল
갱신 거절	চুক্তি নবায়ন প্রত্যাখ্যান
휴업	সাময়িক বন্ধ হওয়া
폐업	স্থায়ী ভাবে বন্ধ হওয়া
폭행	হামলা
임금체불	না দেওয়া বেতন
고용허가 취소	নিয়োগ অনুমতি বাতিল
근로계약 종료	শ্রম চুক্তি সমাপ্ত
사업장 변경	কোম্পানী পরিবর্তন

근무처 변경허가	কর্মস্থল পরিবর্তনের অনুমতি
근무처 변경허가 신청	কর্মস্থল পরিবর্তনের অনুমতির জন্য আবেদন
근로기준법	লেবার ষ্ট্যান্ডার্ড অ্যাক্ট
최저기준	নুন্যতম মান
수습근로자	শিক্ষানিবেশ শ্রমিক
휴게시간	বিশ্রামের সময়
연장근로	লাগাতার কাজ (৮ঘন্টার পর আরো কাজ করলে)
야간근로	নৈশ কালীন কাজ
수당	অতিরিক্ত পাওনা
기본급	বেসিক বেতন
야간근로 수당	নাইট অ্যালাউন্স

연장수당	바ড়তি কাজের জন্য অতিরিক্ত পাওনা।
통상임금	সাধারণ বেতন
휴일	ছুটির দিন
휴가	ছুটি
휴일근로	ছুটির দিনে কাজ
유급휴일	ছুটি কিন্তু বেতন পাওয়া যাবে
무급휴일	ছুটি কিন্তু বেতন পাওয়া যাবে না
연차 유급 휴가	বেতনসহ বাৎসরিক ছুটি
제조업	মেনুফেক্‌চার
기준근로시간	ষ্ট্যান্ডার্ড কাজের সময়

02. 출입국 관리사무소 관련 용어

অভিবাসন নিয়ন্ত্রণ অফিস সম্বন্ধীয় শব্দাবলী

출입국 관리사무소 관련 용어

아비바사ন 니রন্ত্রণ 아피স সম্বন্ধীয় শব্দাবলী

한국어	বাংলা ভাষা
출입국 관리사무소	ইমিগ্রাসন অফিস
비자발급	ভিসা ইস্যু
출입국심사	প্রবেশ এবং বাহির হওয়ার সময় ইনেস্পেক্শন
체류허가	বসবাসের অনুমতি
체류자격	ভিসার ধরন / ভিসা ষ্ট্যাটাস
취업 체류자격	কাজের ভিসা / ওয়াকিং ভিসা ষ্ট্যাটাস
체류 기간	বসবাসের সময় কাল

체류기간연장	বসবাসের সময় নবায়ন
체류기간 연장허가	বসবাসের সময় নবায়নের অনুমতি
체류기간 만료일	বসবাসের সময় শেষ হওয়ার তারিখ
불법	অবৈধ
불법체류자	অবৈধ বসবাস কারী
불법체류자 조사	অবৈধদের অনুসন্ধান
단속	অপরাধীর বিরুদ্ধ কঠোর ব্যবস্থা
처벌	শাস্তি
난민심사	শরণার্থীদের তদন্ত
국적변경	নাগরিকত্ব পরিবর্তন
출입국 관리법	অভিবাসন আইন

입국	프রবেশ
입국 후	প্রবেশের পরে
입국 전	প্রবেশের আগে
출국	প্রস্থান বা বাহির
인권	হুম্যান রাইটস/ মানবাধিকার
위반	অমান্য করা বা পালন না করা
추방	নিবাসিত বা বসবাস করতে না দেওয়া
입국금지	প্রবেশ নিষেধ
지켜야 할 규정	পালন করার নিয়ম
여권	পাসপোর্ট
국적	নাগরিকত্ব / জাতীয়তা

증명서	사티피케트/সনদ পত্র
신분증	পরিচয়পত্র
유효기간	বৈধ সময় কাল
효력상실	ইন্‌ভেলিড অবস্থা বা অকার্যকর হওয়া
분실	হারানো বা নষ্ট হওয়া
재발급	পুনরায় ইস্যু
입국허가	প্রবেশের অনুমতি
입국허가 추천서	প্রবেশের অনুমতি সুপারিশ পত্র
외국인등록증	বিদেশী নাম নিবন্ধন কার্ড
신원보증서	গ্যারান্টি পত্র
회사 신원보증서	কোম্পানীর গ্যারান্টি পত্র

수수료	ফি
지문을 날인	ফিংগার প্রিন্ট/আংগুলের ছাপ
사업장 변경	কোম্পানী পরিবর্তন
휴업	সাময়িক বন্ধ হয়ে যাওয়া
폐업	দেউলিয়া হয়ে যাওয়া বা স্থায়ী ভাবে বন্ধ হয়ে যাওয়া
입국 후 90일 이내 외국인 등록을 하여야 한다	প্রবেশের পর ৯০দিনের মধ্যে বিদেশী নাম নিবন্ধন করতে হবে।
사장님! 외국인등록 해주세요	মালিক!বিদেশী নাম নিবন্ধন করে দেন।
신청 서류	আবেদন করার ডকুমেন্টস।
신청서	আবেদন পত্র
사진	ছবি
반납	ফেরত দেওয়া

재발급	পুনরায় ইস্যু করা
신고접수증	ডিক্লারেসন রিসিপ্ট
경범죄	ছোট খাটো অপরাধ
가벼운 범죄	হালকা অপরাধ
쓰레기	আবর্জনা
금연 구역	ধুমপান নিষেধ এলাকা নো স্মোকিং জোন
마약 사범	মাদকাসক্ত অপরাধী
형사법	ফৌজদারী আইন
징역	জেল
추방	নির্বাসন/বসবাস করতে না দেওয়া
입국금지	প্রবেশ নিষেধ

불법 체류자	অবৈধ বসবাসকারী
강력한 벌금	বড় ধরনের জরিমানা
외국인 고용제한	বিদেশী শ্রমিক নিয়োগে নিষেধাজ্ঞা
정당한 여권	বৈধ পাসপোর্ট
유효기간이 지나지 않도록 조심하여야 한다.	মেয়াদ শেষ হওয়ার তারিখ যাতে পার হয়ে না যায় সে বিষয়ে সাবধান থাকা।
복사본을 보관하여야 한다	ফটোকপি সংরক্ষণ করতে হবে।
사장님! 비자연장 해주세요	মালিক! ভিসা নবায়ন করে দেন।

03. 공구/장비/기계

툴스/যন্ত্রপাতি/মেশিন

03

공구/장비/기계
টুলস/যন্ত্রপাতি/মেশিন

니퍼	নিফ্অ

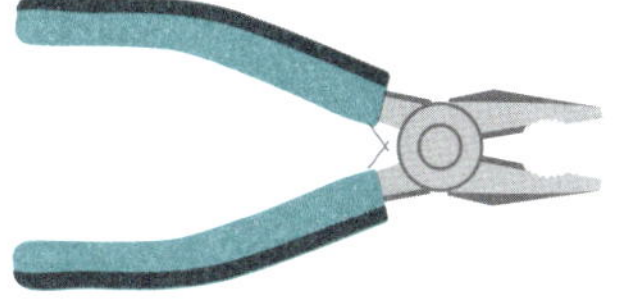

미니 니퍼	মিনি নিফ্অ

강력니퍼   গাংরিয়গ্ নিফ্অ

전공 드라이버   জন্গাংড্রাইব্অ

투명 양용 드라이버   থুমিয়ং ইয়াং ইয়ংড্রাইব্অ

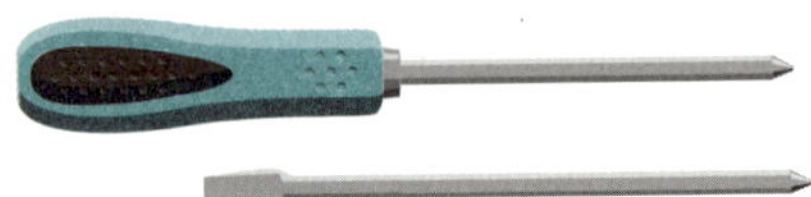

양용드라이버　　ইয়াং ইয়ং ড্রাইবৃঅ

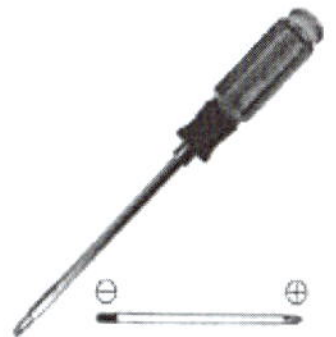

주먹양용드라이버　　জুমগ্ ইয়াং ইয়ং ড্রাইবৃঅ

비트 드라이버　　বিথো ড্রাইবৃঅ

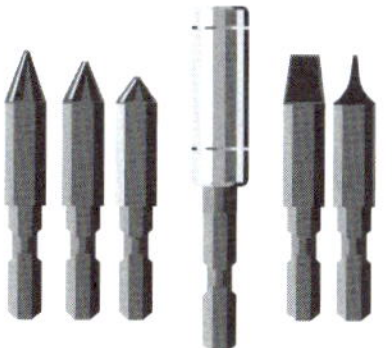

정밀 드라이버　　　　জংমিল্ ড্রাইব্অ

롱 드라이버　　　　লোং ড্রাইব্অ

다목적 가위　　　　দামোগ্‌জগ্‌ গাউই

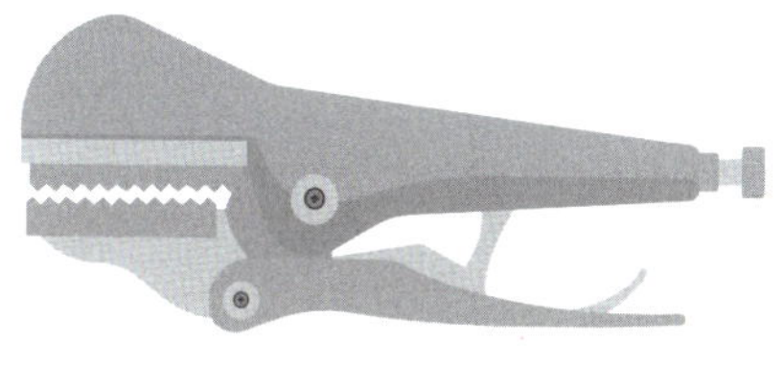

압착기   আব্ছাগ়ি

스트립퍼   ষ্ট্রিফ্অ

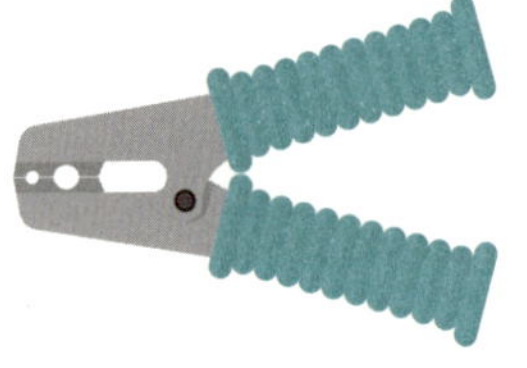

기어렌치   গিয়রেন্ছি

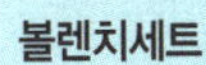

볼렌치세트　　　　　বোল্রেন্ছি সেট

빤치　　　　　প্যান্ছি

몽키스패너　　　　　মোংখি স্ফ্যান্অ

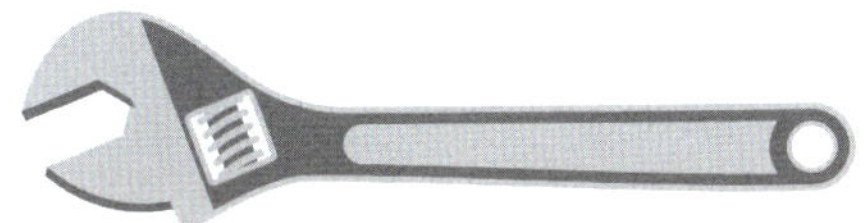

워터펌프 플라이어   অথোফম্প ফ্লাইঅ

라쳇핸들   রাছেস্ হ্যান্ডল

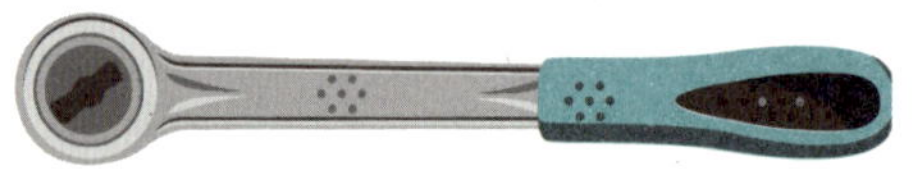

스틸 파이프렌치   ষ্টিল ফাইফ্ রেন্ছি

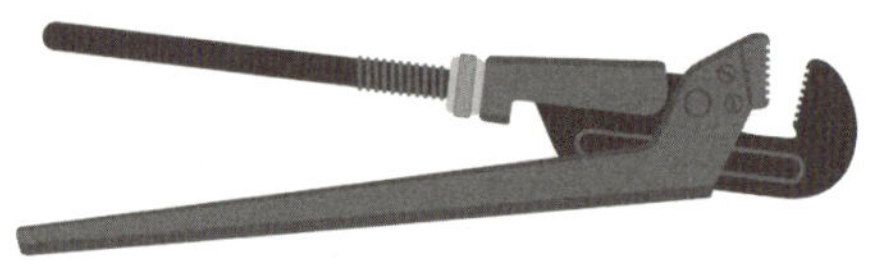

각삽   গাগ্‌সাব্‌

PVC삽   পিভিসি সাব্‌

물호스릴   মুল হোস্‌ রিল্‌

<table>
<tr><td>가레이지잭</td><td>গারে ইজিজ্যাগ্</td></tr>
</table>

<table>
<tr><td>검전 드라이버</td><td>গম্জন্ড্রাইব্অ/ বিদ্যুত
চেক করার ড্রাইভার (টেষ্টার)</td></tr>
</table>

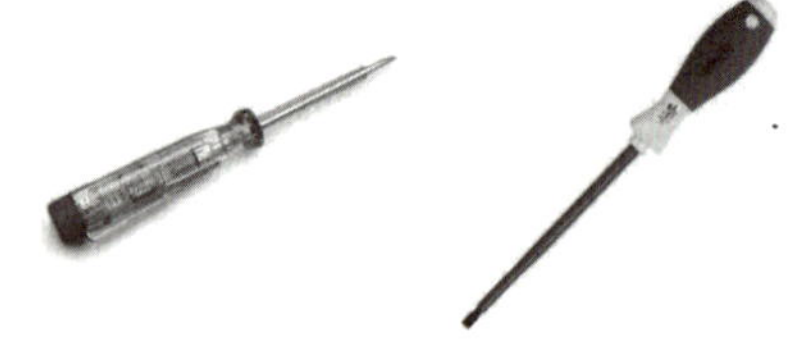

<table>
<tr><td>나사</td><td>নাসা (স্ক্রু)</td></tr>
</table>

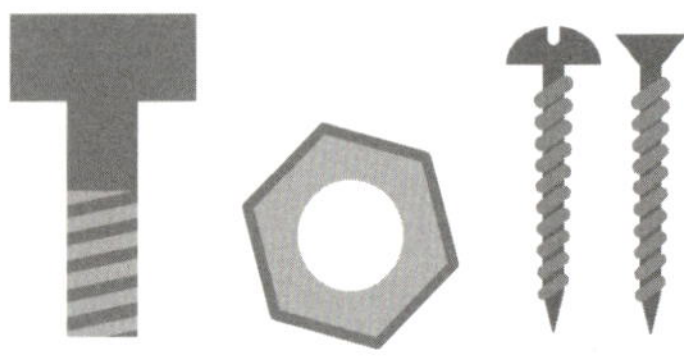

못

মোৎ (পেরেক)

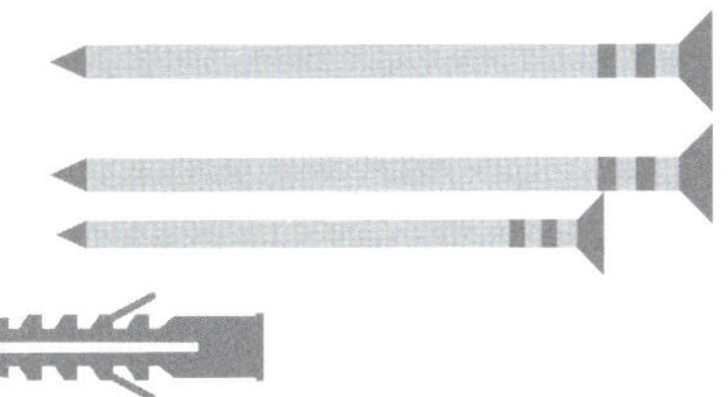

롱노우즈 플라이어

লোং নোউজ্ ফ্লাইঅ

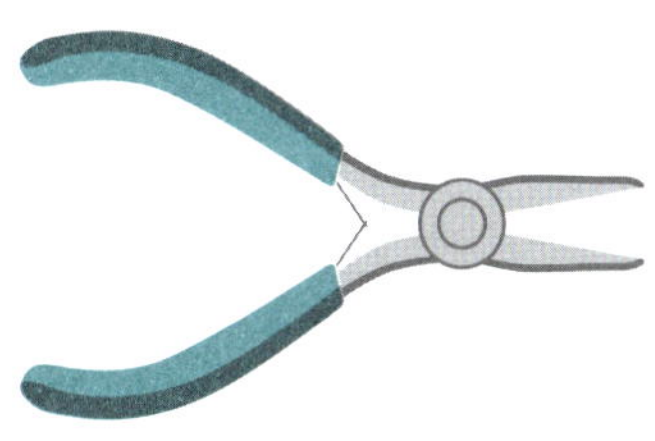

미니 니들
평플라이어

মিনি নিডল্ ফ্লাইঅ

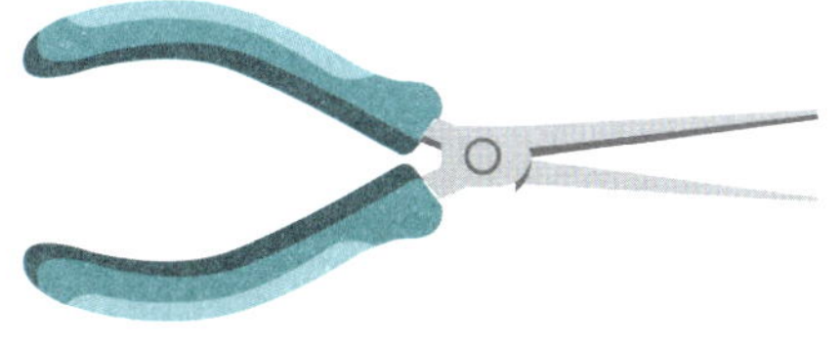

디스크 그라인더   ডিস্ক গ্রাইনড্অ

드릴 날   ড্রিল নাল্

전기 드릴   জন্গি ড্রিল (বৈদুতিক ড্রিল)

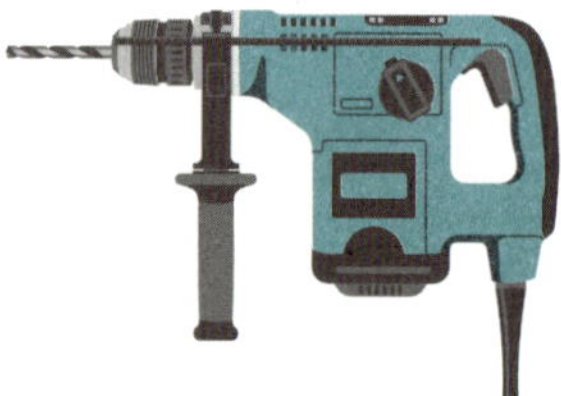

에어임팩렌치   এয় ইম্ফ্যাগ্ রেন্ছি

충전 임팩 드라이버   ছুংজন্ ইম্ফ্যাগ্ ড্রাইব্অ

충전 드라이버드릴   ছুনজন্ ড্রাইব্অ ড্রিল
(রিচার্জ করা যায় এমন ড্রিল)

| 고속 절단기 | গোসোগ জল্দান্গি |

| 에어 콤프레샤 | এয় খোম্প্রশা |

| 탁상 그라인더 | থাগ্‌সাং গ্রাইন্ড |

에어건
এয় গান (এয়ার গান)

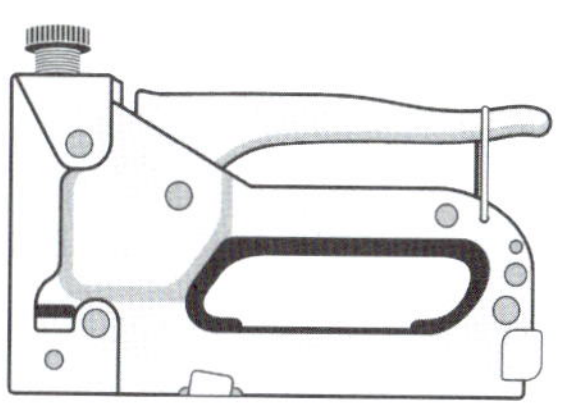

망치
মাংছি

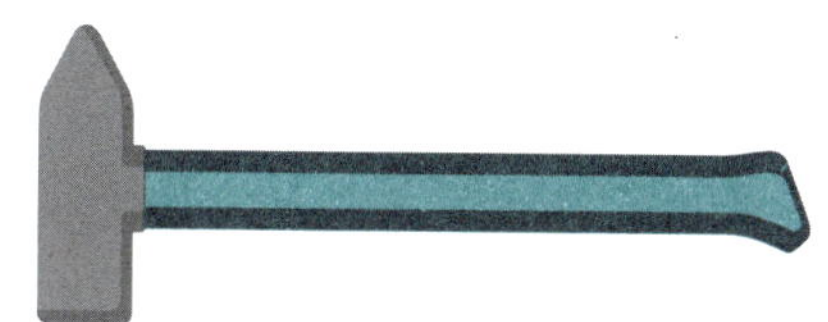

빠루 망치
পারু মাংছি

돌망치

দোল্ মাংছি

고무망치

গোমু মাংছি

수동 줄자

সুদোং জুল্জা

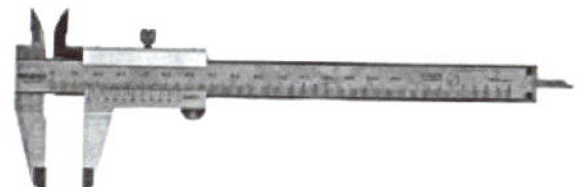

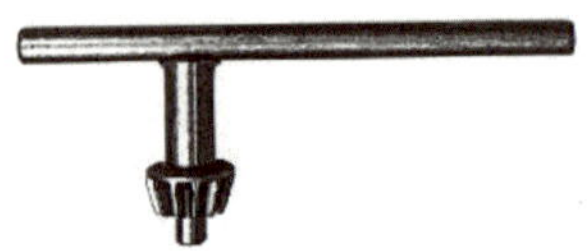

원형톱　　　　　　অন্‌হিয়ং থোব্‌(চাক্‌তি করাত)

석고대패　　　　　সগ্‌দেফ্যা

나사 플라이어　　　নাসা ফ্লাইঅ

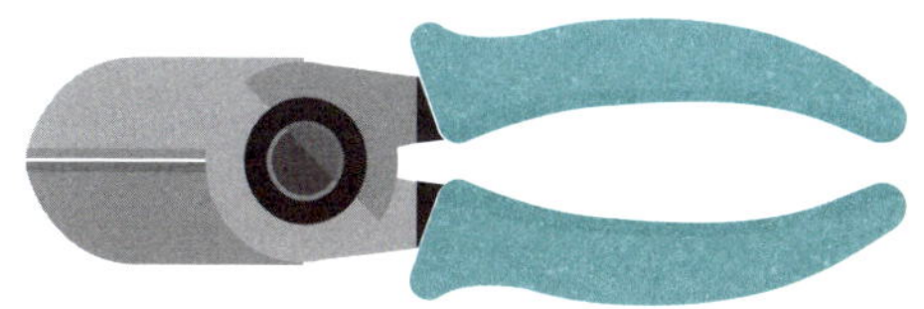

<table>
<tr><td>만력기</td><td>মান্‌রিয়গ্গি</td></tr>
</table>

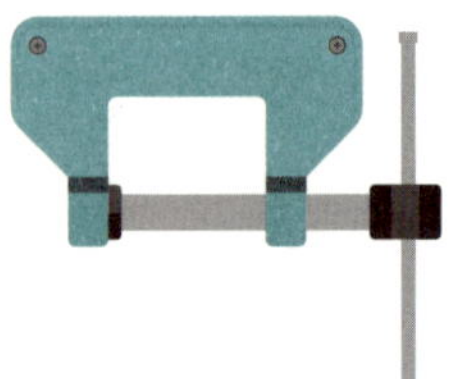

<table>
<tr><td>반코팅 장갑</td><td>বান্‌খোটিং জাংগাব</td></tr>
</table>

<table>
<tr><td>장갑</td><td>জাংগাব্‌</td></tr>
</table>

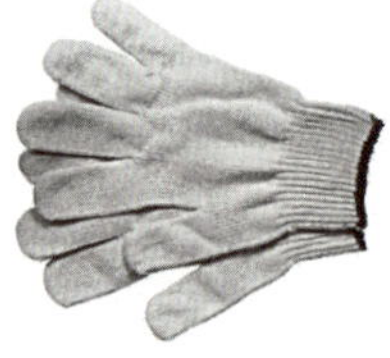

1급 방진 마스크   ইল্গুব্ বাংজিন মাস্ক

2급 방진 마스크   ইগুব্ বাংজিন মাস্ক

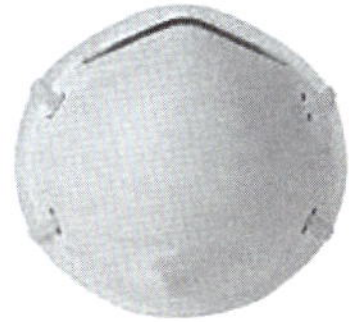

방독 마스크   বাংদোগ্ মাস্ক

방한 목도리   বাংহান্ মোগ্দোরি

접착 테이프   জব্ছাগ্ টেইফ্

테이프 컷팅기　　　টেইফ্ খটিংগি

면 테이프　　　মিয়ন টেইফ্

플라스틱 대차　　　প্লাষ্টিক দেছা

| 핸드카 | 핸드카 | 핸드카 |

핸드카 · 핸드카

T렌치 · 티 렌্ছি

커터 · খটো

QL형 토크렌치   কিউ এল হিয়ং
থোখোরেন্‌ছি

옵셋 렌치   ওব্‌ সেৎ রেন্‌জি

양구 스패너   ইয়াং্গু স্ফেন্‌অ

수평 직각자　　　সুফিয়ং জিগ্‌গাগৃজা

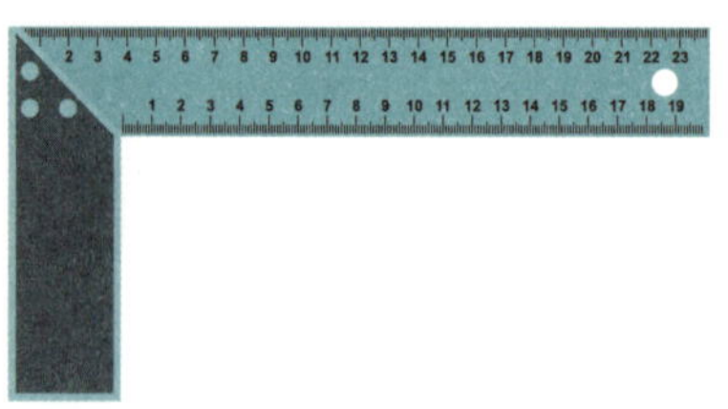

라이톤 해머　　　রাইথান্‌ হেম্‌অ

콤프레샤
오일리스타입　　কম্প্রসা ওইল্লি ছাইপ

딱풀	타গ্ ফুল

한국어	বাংলা ভাষা
자동	অটোমেটিক
수동	মেনুয়েল
금속	স্টীল
몽키 스페너	রেন্জ
목재	কাঠ
뻰치	তার কাটার জন্য প্লাস

유리	글াস
드릴	ড্রিল
정기 드릴	বৈদ্যুতিক ড্রিল
기름	তেল
석유	পেট্রোলিয়াম
휘발유	গ্যাসলিন
플라스틱	প্লাস্টিক
스위치	সুইচ
페인트	পেইন্ট

04. 일할때
필요한 용어

카জের 사모য়
প্রয়োজনীয় শব্দাবলী

일할때 필요한 용어
카제르 সময় প্রয়োজনীয় শব্দাবলী

한국어	বাংলা ভাষা
비켜 주세요	সরে যান। 서레 잔
손 조심해요	হাত সাবধান করেন 하뜨 삽단 꺼렌
불 조심해요	আগুন সাবধান করেন 아군 삽단 꺼렌
머리 조심해요	মাথা সাবধান করেন 마타 삽단 꺼렌
뜨거워요	উত্তপ্ত 운떠쁘떠
불이 났어요	আগুন লেগেছে 아군 레게체
만지자 마세요	হাত দিবেন না / স্পর্শ করবেন না। 하뜨 디벤 나 /스뻐르셔 꺼르벤나
조립해요	অ্যাসেমব্লিং করেন। 애셈빌링 꺼렌.

분해해요	রি অ্যাসেমব্লিং করেন। 리 애셈빌링 꺼렌.
넘어져요	পড়ে যায়। 뻐레 자에.
스위치 켜요	সুইচ অন করেন 수이쯔 언 꺼렌.
스위치 꺼요	সুইচ অফ করেন 수이쯔 엎 꺼렌.
여기 집어 넣어요	এখানে ভিতরে ঢুকান। 에카네 비떠레 두깐.
이것 빼요	এটা বাদ দেন। 에타 받 덴.
여기 눌러요	এখানে চাপ দেন। 에카네 짜쁘 덴.
이것 밀어요	এটা ঠেলা দেন। 에타 텔라 덴.
여기 잡아 당겨요	এখানে ধরে টান দেন। 에카네 더레 타넨
여기 끼워요	এখানে ভিতরে ঢুকান। 에카네 비떠레 두깐.
만져요	হাত দিয়ে স্পর্শ করেন। 하뜨 디에 스뻐르서 꺼렌

여기 넣어요	এখানে রাখেন । 에카네 라켄.
여기 돌려요	এখানে চাপ দেন 에카네 짜쁘 덴.
늘려요	প্রসারিত করেন । 쁘러사리떠 꺼렌.
이것 줄여요	এটা কমান । 에타 꺼만.
이것 옮겨요	এটা সরান । 에타 서란.
여기에 연결해요	এখানে সংযোগ করেন । 에카네 성족 꺼렌.
뭐 찾아요?	কি খুজেন? 끼 쿠젠.
망치 찾아서 가져 와요	হাতুরী খুঁজে নিয়ে আসেন । 하뚜리 쿠제 니에 아센.
올려요	উপরে উঠান । 우뻐레 우탄.
여기 내려요	এখানে নামিয়ে রাখেন । 에카네 나미에 라켄.
만져요	হাত দিয়ে স্পর্শ করেন । 하뜨 디에 스뻐르서 꺼렌

잘 말려요	ভালো ভাবে শুকান। 발로 바베 슈깐.
한쪽 잡아요	এক পাশে ধরেন। 엒 빠쉐 더렌.
양쪽 잡아요	দুই পাশে ধরেন। 두이 빠쉐 더렌
여기 잡아요	এখানে ধরেন। 에카네 더렌.
꽉 잡아요	শক্ত করে ধরেন। 섥떠 꺼레 더렌.
여기 잘라요	এখানে কাটেন। 에카네 까텐.
붙여요	একটার গায় অন্যটা লাগান। 엒타르 가에 언노타 라간.
이거 어떻게 해요?	এটা কিভাবে করে? 에타 끼바베 꺼레?
다시 한 번만 가르쳐 주세요	আবার একবার মাত্র শিখিয়ে দেন। 아바르 엒바르 맛러 시키에 덴
도와 주세요.	সাহায্য করেন। 사핮조 꺼렌.

너무 무거워요.	অনেক ভারী । 어넥 바리
같이 잡아 주세요.	এক সাথে ধরেন । 엑 사테 더렌.
안전한 거리를 지키세요.	নিরাপদ দুরত্বে থাকেন । 니라뻗 두러떼 타껜.

05. 일반 생활에 필요한 용어

সাধারণ জীবন যাপনে প্রয়োজনীয় শব্দাবলী

일반 생활에 필요한 용어

사다라ণ জীবন যাপনে প্রয়োজনীয় শব্দাবলী

한국어	방글라 ভাষা
내국인	কোরিয়ান
내국인 근로자	কোরিয়ান শ্রমিক
외국인 친구	বিদেশী বন্ধু
외국인 비자	বিদেশীদের ভিসা
비자	ভিসা
여권	পাসপোর্ট
체류기간	ভিজিটিং টাইম/বসবাসের মেয়াদ
설명해요	বর্ণনা করুন

정보구하기	탕্য সংগ্রহ করা
대답해요	উত্তর দেন
물어봐요	জিজ্ঞাসা করুন
질문해요	প্রশ্ন করুন
잘 가르쳐 주세요	ভালো শিখিয়ে দেন
가르쳐 주세요	শিখিয়ে দেন
알려 주세요	জানায়ে দেন
잘 모르겠어요	ভালো জানিনা
자세히 말씀해 주세요	ঠিক ভাবে বলে দেন।
어디에 물어봐야 돼요?	কোথায় জিজ্ঞাসা করতে হবে?
어떻게 해야 돼요?	কিভাব করতে হবে?

어떻게 가야 돼요?	কিভাব যেতে হবে?
문제가 있어요	সমাস্যা আছে
입국해요	প্রবেশ করুন
출국해요	প্রস্থান করুন
만나요	দেখা করুন
기다려요	অপেক্ষা করুন
빌려요	ধার নেন
빌려줘요	ধার দেন
사랑해요	ভালোবাসি
좋아해요	পছন্দ করি
소개해요	পরিচয় দেন

약속해요	শপথ করুন ।
사과해요	অনুতাপ করুন
인사해요	সালাম দেন
한턱내요	আপ্যায়ন করুন
친해요	সুসম্পর্ক করুন
헤어져요	বিচ্ছেদ করুন
차 한잔 해요	চা পান করুন
먹어요	খান
많이 먹어요	বেশী করে খান
밥 먹어요	ভাত খান
잘 가르쳐요	ভালো শিখান

잘 배워요	발로 শিখুন
공부해요	লেখাপড়া করুন
누워요	শুয়ে পড়ুন
서요	দাড়ান
서 있어요	দাড়িয়ে থাকেন।
앉아요	বসেন
앉아 있어요	বসে থাকেন
가요	যান
와요	আসুন
만들어요	তৈরী করুন।
잘 만들어요	ভালো তৈরী করেন।

이용해요	아্যবহার করুন
꿈을 꿔요	স্বপ্ন দেখেন
봐요	দেখেন
들어요	শুনুন
타요	চড়ুন
버스 타세요	বাসে চড়ুন।
내려요	নামুন
버스에서 내리세요	বাস থেকে নামুন।
냄새 맡아요	গন্ধ শুকুন
느껴요	অনুভব করেন
살아요	বাচেন

죽어요	모রেন
생각해요	চিন্তা করুন
잘 생각해요	ভালো চিন্তা করুন।
말해요	কথা বলুন
써요	লিখুন
읽어요	পড়ুন
원해요	চান
줘요	দেন
받아요	নেন
받았어요	পেয়েছি
월급 받았어요	বেতন পেয়েছি

월급 못 받았어요	বেতন পাইনি
안 받아요	নিবো না
일 시작해요	কাজ শুরু করুন।
일 끝내요	কাজ শেষ করুন
끝나요	শেষ করি
친구를 초대해요	বন্ধুকে দাওয়াত করুন
그림을 그려요	ছবি আকুন
울어요	কাদুন
웃어요	হাসুন
뛰어 와요	দৌড়ে আসেন।
녹아요	গলান

06. 반의어
비포리ত শব্দ

반의어
বিপরীত শব্দ

가까워요 **কাছে** 까체	⟷	멀어요 **দুরে** 두레
간단해요 **সরল** 서럴	⟷	복잡해요 **জটিল** 저틸
가능해요 **সম্ভব** 섬법	⟷	불가능해요 **অসম্ভব** 어섬법
기뻐요 **সুখী** 수키	⟷	슬퍼요 **দু:খী** 두키
더러워요 **নোংড়া** 농리	⟷	깨끗해요 **পরিষ্কার** 뻐리스까르
시끄러워요 **কোলাহল** 꼴라헐	⟷	조용해요 **শান্ত** 샨또
뜨거워요 **গরম** 거럼	⟷	차가워요 **ঠান্ডা** 탄다

수입해요 আমদানী 암다니	↔	수출해요 রপ্তানী 러쁘따니
빨리빨리 তাড়াতাড়ি 따라따리	↔	천천히 আস্তে আস্তে 아스떼 아스떼
가벼워요 হালকা 할까	↔	무거워요 ভারী 바리
어려운 কঠিন 꺼틴	↔	쉬운 সহজ 서허즈
깊어요 গভীর 거비르	↔	얕아요 অগভীর 어거비르
낮아요 নীচু 니쭈	↔	높아요 উচু 우쭈
딱딱한 শক্ত 셕떠	↔	부드러운 নরম 너럼
넓어요 প্রশস্ত 쁘러셔스떠	↔	좁아요 অপ্রশস্ত 어쁘러셔스떠
좋은 ভালো 발로	↔	안좋은/나쁜 মন্দ 먼더
행운 সৌভাগ্য 서우박거	↔	불운 দুর্ভাগ্য 두르박거

두꺼워요 **মোটা** 모타	⟷	얇아요 **পাতলা** 빠뜰라
많아요 **বেশী** 베쉬	⟷	적어요 **কম** 껌
편한 **আরাম** 아람	⟷	불편한 **বেআরাম** 베아람
바빠요 **ব্যস্ত** 배스떠	⟷	한가해요 **ব্যস্ত না** 배스떠 나
있어요 **আছে** 아체	⟷	없어요 **নাই** 나이
커요 **বড়** 버러	⟷	작아요 **ছোট** 초터
편해요 **সুবিধা জনক** 수비다저넉	⟷	불편해요 **অসুবিধা জনক** 어수비다저넉
필요해요 **প্রয়োজনীয়** 쁘러어저니어	⟷	필요 없어요 **অপ্রয়োজনীয়** 어쁘러어저니어
중요한 **গুরুত্বপূর্ণ** 구루떠뿌르너	⟷	중요하지 않은 **গুরুত্বপূর্ণ নয়** 구루떠뿌르너 너에

07. 사업주가 필요한 용어

মালিকদের প্রয়োজনীয় শব্দাবলী

사업주가 필요한 용어
মালিকদের প্রয়োজনীয় শব্দাবলী

한국어	방글라어
서명	নাম 남
이름이 뭐예요?	নাম কি? 남 끼?
아니오.	না 나
예	জি, 지?
해요	করো। 꺼로
하세요.	করেন। 꺼렌.
이것 하세요.	এটা করেন। 에타 꺼렌.

이렇게 하세요.	এই ভাবে করেন । 에이 바베 꺼렌.
여기까지 하세요.	এই পর্যন্ত করেন । 에이 뻐르전떠 꺼렌.
이렇게 계속 하세요.	এই ভাবে করতে থাকেন । 에이 바베 꺼르떼 타껜.
그만 말할 때까지 하세요.	থাম্‌তে বলা পর্যন্ত করেন । মনোযোগ দিয়ে 탐떼 벌라 뻐르전떠 꺼렌.
열심히 하세요.	মনোযোগ দিয়ে করেন । 머노족 디에 꺼렌.
안 해요	করি না । 꺼리 나
뭐하고 있어요?	কি করছেন? 끼 꺼르첸?
하지 마세요.	করবেন না । 꺼르벤 나.
하세요.	করেন । 꺼렌.
알았습니까?	বুঝেছেন কি? 부제첸 끼?

알았습니다.	বুঝেছি। 부제치
알겠습니까?	বুঝতে পেরেছেন? 부즈떼 뻬레치.
예, 알겠습니다	জী, বুঝতে পেরেছি। 지, 부즈떼 뻬레치.
모릅니다.	জানিনা 자니나
그렇습니다.	ঠিক আছে 틱 아체.
마자요?	ঠিক আছে? 틱 아체?
잘해요.	ভালো ভাবে করেন। 발로 바베 꺼렌.
잘했어요.	ভালো ভাবে করেছেন। 발로 바베 꺼레첸?
확인	পরীক্ষা/যাচাই 뻐리카/자짜이
확인 하세요	যাচাই করেন / নিশ্চিত করেন। 자짜이 꺼렌 / 니스찌뜨 꺼렌
있어요	আছে। 아체

없다	**নাই** 나이
전화	**টেলিফোন** 텔리폰
전화번호	**টেলিফোন নং** 테리폰 넝
여자 친구	**মেয়ে বন্ধু** 메에 번두
남자 친구	**ছেলে বন্ধু** 첼레번두
남편	**স্বামী** 샤미
아내	**স্ত্রী** 이스티리
아들	**পুত্র/ছেলে** 뿌뜨러/첼레
딸	**কন্যা/মেয়ে** 껀내/메에
거짓말	**মিথ্যা কথা** 미태 꺼타
거짓말 하지 마세요.	**মিথ্যা কথা বলবেন না।** 미태꺼타 벌벤 나.

정말	সত্য কথা 서떠 꺼타
농담	দুষ্টামী 두스타미
농담하지 마세요.	দুষ্টামী করবেন না। 두스타미 꺼르벤 나.
돈이 있습니다.	টাকা আছে 타까 아체.
돈이 없습니다.	টাকা নাই 타까 나이.
남자	পুরুষ 뿌루스
여자	মহিলা মহিলা 머힐라
일 잘 해요	কাজ ভালো করেন। 까з 발로 꺼렌.
일 잘 못해요	কাজ ভালো পারেন না 까즈 발로 빠렌 나.

08. 방향/위치
দিক/অবস্থান

방향/위치
দিক/অবস্থান

한국어	방글라 ভাষা
여기로 오세요	এখানে আসেন 에카네 아센.
저기로 가세요	ওখানে যান 오카네 잔.
거기에 넣어요	ঐখানে রাখেন 오이카네 라켄.
이쪽으로 오세요	এদিকে আসেন 에디께 아센.
그쪽으로 가세요	ওদিক যান। 오디끄 잔.
오른쪽으로 돌려요.	ডানে ঘুরান। 다네 구란
왼쪽으로 돌려요.	বামে ঘুরান। 밤에 구란
오른쪽으로 구부려요.	ডানে বাঁকা করেন। 다네 바까 꺼렌.

왼쪽으로 구부려요.	বামে বাঁকা করেন। 바메 바까 꺼렌
아래로 내려요.	নীচে নামান 니쩨 나만.
위로 올려요.	উপরে উঠান 우뻐레 우탄
저쪽으로 가세요	ঐদিক যান 오이디께 잔.
아래	নীচে 니쩨
똑바로	সোজাসুজি 소자수지
위층	উপরের তলা 우뻐레르 떨라
아래층	নীচের তলা 니쩨르 떨라
위로 올라 오세요	উপরে উঠে আসেন 우뻐레 우테 아센.
옆에 앉아요	পাশে বসেন 빠세 버센
오른쪽으로 가세요	ডানে যান 다네 잔.

왼쪽으로 가세요	বাম দিকে যান 밤 디께 잔
돌아 서세요	ঘুরে দাড়ান 구레 다란
오른쪽으로 비스듬히 서세요.	ডানে কোনাকুনি দাড়ান 다네 꼬나꾸니 다란
왼쪽으로 비스듬히 서세요.	বানে কোনাকুনি দাড়ান 바메 꼬나꾸니 다란

09. 기숙사와 위생

বসবাসের জায়গা ও সুস্বাস্থ্য

기숙사와 위생
বসবাসের জায়গা ও সুস্বাস্থ্য

기숙사를 깨끗이 사용합시다.
বসবাসের জায়গা পরিস্কার ভাবে ব্যবহার করুন।
버서바세르 자이가 뻐리스까르 바베 배버하르 꺼룬.

기숙사 주위를 깨끗이 사용합시다.
বসবাসের জায়গার চারিপাশ পরিস্কার ভাবে ব্যবহার করুন।
버서바세르 자이가르 짜리빠스 뻐리쉬까르 바베 배버하르 꺼룬.

기숙사에 항상 불 조심하세요.
বসবাসের জায়গায় সব সময় আগুন সাবধান করেন।
버서바세르 자이가에 섭 서머에 아군 삽단 꺼렌.

손을 자주 씻어요.
হাত বারবার ধৌত করেন।
하뜨 바르바르 더우떠 꺼렌

일 끝나고 밤에 잠자기 전, 꼭 목욕해요.
কাজ শেষে রাতে ঘুমানোর আগে অবশ্যই গোসল করেন।
깣 세셰 라떼 구마노르 아게 어벗셔이 고설 꺼렌.

목욕하지 않고 자면 방에 냄새 나고, 몸에도 좋지
않아요.
গোসল না করে ঘুমালে ঘরে গন্ধ হবে, শরীরের
জন্যও খারাপ।
고설 나 꺼레 구말레 거레 건더 허베, 셔리레르 전노오 카라쁘.

기숙사 뿐만 아니라 언제, 어디서나 항상 불조심
하세요.
বসবাসের জায়গায় শুধু নয় সব সময় সবখানে
আগুন সাবধান করেন।
버서바세르 자이가에 수두 너에 섭 서머에 섭카네 아군 삽단 꺼렌

기숙사에서 나가기 전에 꼭 불 확인 하세요.
বসবাসের জায়গা থেকে বাইরে যাওয়ার আগে
অবশ্যই আগুন চেক করেন।
버서바세르 자이가 테께 바이레 자오아르 아게 어버서이 아군 쩩
꺼렌.

손발을 깨끗이 해야 합니다.
হাত পা পরিস্কার থাকতে হবে।
핱 빠 뻐리쉬까르 탁때 허배

목욕을 자주 하십시오.
গোসল নিয়মিত করতে হবে।
고설 니어미떠 꺼르때 허배

옷차림을 단정히 합시다.
পরিস্কার পরিচ্ছন্ন পোষাক পরুন।
뻐리쉬까르 뻐리천노 뽀샥 뻐룬

손톱 발톱을 짧게 자르도록 합시다.
হাত পায়ের নাখ ছোট রাখেন।
훝 빠에르 녹 서터 라켄

휴일을 이용하여 세탁을 하십시오.
ছুটির দিন কাপড় ধোয়ার মশিন ব্যবহার করেন।
추티르 디에 까뻐르 도아르 메신 배버하르 꺼렌.

기숙사 내 청소와 정리정돈을 빈틈없이 꼼꼼히 합시다.
বসবাসের জায়গা পরিস্কার ভাবে গুছিয়ে রাখুন।
버서바세르 자이가 뻐리쉬까르 바베 구치에 라쿤.

기숙사 방청소는 하루에 한번씩 하세요.
বসবাসের কক্ষ প্রতিদিন অন্তত একবার পরিস্কার করুন।
버서바세르 꺼코 쁘러띠딘 언떠떠 액바르 뻐리쉬까르 꺼룬.

부엌을 매일 깨끗하게 사용합시다.
রান্না ঘর প্রতিদিন পরিস্কার ভাবে ব্যবহার করুন।
란나 거르 쁘러띠딘 뻐리쉬까르 바베 배버하르 꺼룬.

식사 후 바로 설거지 하세요.
খাওয়ার পর সরাসরি থালা বাটি ধুয়ে ফেলুন।
카오아르 뻐르 서라서리 탈라 바티 두에 펠룬.

식사 후 바로 설거지 하지 않으면 냄새나요.
খাওয়ার পর সরাসরি থালা বাটি না ধুলে গন্ধ
হবে।
가오아르 뻐르 서라서리 탈라 바티 나 둘레 건더 허베.

부엌 바닥도 매일 깨끗하게 사용합시다.
রান্না ঘরের মেঝেও প্রতিদিন পরিস্কার রাখুন।
란나 거레르 메제오 쁘러띠딘 뻐리쉬까르 라쿤.

화장실 청소는 순번제에 따라 깨끗이 합시다.
টয়লেট নিয়মিত পরিস্কার রাখুন।
토일레트 니어미떠 뻐리쉬까르 라군.

밖에서는 항상 신발을 신고 다닙시다.
বাহিরে সর্বদা জুতা ছ্যান্ডেল ব্যবহার করুন।।
바히레 서르버다 주따 챈델 배버하르 꺼룬.

쓰레기는 지정된 곳에만 버려야 합니다.
ময়লা আবর্জনা নিদিষ্ট জায়গায় ফেলুন।
머일라 아버르저나 니르디스떠 자이가이 펠룬.

쓰레기는 분리해서 버려야 합니다.
ময়লা আলাদা করে ফেলতে হবে।
머일라 알라다 꺼레 펠떼 허베.

분리방법은 종이류, 캔류, 병류, 일반쓰레기류입
니다.
আলাদা করার নিয়ম, কাগজ, ডিব্বা,
বোতল,সাধারন ময়লা
알라다 꺼라르 니엄, 까겆, 딥바, 보떨, 사다런 머일라.

여자 기숙사에 남자 출입을 금함.
মহিলাদের থাকার জায়গায় পুরুষদের
যাতায়াত নিষেধ।
머힐라데르 타까르 자이가이 뿌루쉬데르 자따야뜨 니셑.

외부인 출입사실이 드러나면 문책함.
বাহিরের লোক যাতায়াত করলে দায়ী থাকতে
হবে
바히레르 룩 자따야뜨 꺼르레 다이 탂떼 허베.

남녀관계는 항상 조심하십시오.
পুরুষ মহিলা সম্পর্ক সর্বদা সাবধান থাকুন
뿌루쉬 머힐라 섬뻐르께 서르버다 샵단 타꾼.

친구들이 몰래 담을 넘어 들어오지 않도록 하십시오.
বন্ধুদের কেউ লুকিয়ে দেয়াল টপকে ভিতরে আসবেন না
번두데르 께우 루끼에 데왈 터쁘께 비떠레 아스벤 나.

외부인과 식당에서 식사 금지.
বাহিরের লোক কোম্পানীর রেস্তোরায় খাওয়া নিষেধ
바히레르 룩 껌빠니르 레스또라에 카와 니셷.

기숙사의 시설들은 파손되지 않게 조심해서 사용해야 한다.
বসবাসের জায়গায় থাকা জিনিষ পত্র যাতে নষ্ট না হয় সে জন্য সাবধানে ব্যবহার করতে হবে।
버서바세르 자이가이 타까 지니쉬 뻐뜨러 자떼 너스터 나 허이 샵다네 배버하르 꺼르떼 허베.

기숙사는 친구들이 찾아와서 즐기는 놀이 공간이 아니라 일한 후에 쉬는 휴식 공간입니다.
বসবাসের জায়গা বন্ধুরা এসে আনন্দ করার জায়গা না, কাজ শেষে বিশ্রামের জায়গা
버서바세르 자이가 번두라 에세 아논더 꺼라르 자이가 나, 가즈 셰세 비스라메르 자이가.

다른 나라 근로자와 함께 기숙사를 사용하므로 규칙을 잘 지켜야 합니다.

অন্য দেশের শ্রমিকেরা একসাথে বসবাস করবে বলে নিয়ম পালন করতে হবে।

언노 데셔르 스러믹 액사테 버서바스 꺼르베 벌레 니엄 빨런 꺼르떼 허배.

기숙사 내에서 음악이나 TV를 크게 틀어서는 안 됩니다.

বসবাসের জায়গায় গান অথবা টিভি উচ্চ শব্দে শুনবেন না

버서바세르 자이가에 간 바 티비 우쩌 섭데 순벤 나.

큰 소리로 노래나 이야기를 하면 다른 사람의 휴식에 방해가 됩니다.

উচ্চ শব্দে গান বা কথা বললে অন্য ব্যাক্তির বিশ্রামে ব্যাখাত হবে

우쩌 섭데 간 바 꺼타 벌레 언노 백띠르 비스라메 배가뜨 허베.

기숙사 내에는 이성친구들의 방문을 금합니다.

বসবাসের জায়গায় মেয়েদের প্রবেশ নিষেধ।

버서바세르 자이가에 메에다르 쁘러벳 니새드.

이성간의 성 관계를 금합니다.

যৌন সম্পর্ক নিষিদ্ধ.

조우노 섬뻐르꺼 니싣도.

기숙사 내에 귀중품이나 돈을 몰래 숨겨 놓아 분실하는 경우가 많으니 주의 하세요.

বসবাসের জায়গা থেকে কোন মুল্যবান জিনিষ বা টাকা চুরি যাওয়া থেকে সাবধান

버서바세르 자이가 태께 꼬노 물러반 지니스 바 타까 쭈리 자오 아 테께 삽단

기숙사 내에서 분실 시 회사에 책임 없음.

বসবাসের জায়গা থেকে কিছু চুরি গেলে কোম্পানি দায়ী নয়

버서바세르 자이가 태께 끼추 쭈리 겔레 껌빠니 다이 너이

지나친 음주를 삼가고 도박을 하지 맙시다.

বেশি মদ্যপান করা ও জুয়া খেলা থেকে বিরত থাকেন

배시 머드 빤 꺼라 오 주아 켈라 테께 비러떠 타껜.

기숙사의 전기를 절약해서 사용하세요.

বসবাসের জায়গায় বিদ্যুৎ ব্যবহারে মিতব্যয়ী হন।

버서바세르 자이가에 빋듯 배버하레 미떠배이 헌.

10. 식사

খাবার

10

식사
খাবার

어떤 음식을 좋아합니까?
কি ধরনের খাবার পছন্দ করেন?
끼 더러네르 카발 빠천더 꺼랜 ?

한국 음식 괜찮아요?
কোরিয়ান খাবার চলবে?
꼬리안 카바르 쩔베?

맛이 있어요?
খাবার মজা লাগছে কি?
카바르 머자 락체 끼?

맛이 없어요?
খাবার মজা লাগছে না?
카바르 머자 락체 나?

많이 먹어요.
বেশী করে খান
베쉬 꺼레 칸.

부엌을 깨끗이 사용하세요.
রান্না ঘর পরিষ্কার রাখুন।
란나 거르 빠리스까르 라쿤.

음식 사람 몸에 힘을 만들어요.
খাবার মানুষের শরীরে শক্তি তৈরী করে।
카바르 마누세르 셔리레 섞띠 떠이리 꺼레.

몸에 힘 있으면 일 하나도 안힘들어요.
শরীরে শক্তি থাকলে কাজে কোনো কষ্ট নাই।
셔리레 섞띠 타끌레 까제 꼬노 꺼스터 나이.

식탁을 깨끗하게 사용하세요
খাবারের টেবিল পরিস্কার রাখুন।
카바레르 테빌 뻐리스까르 라쿤.

식탁을 잘 정리하세요.
খাবারের টেবিল ভালো ভাবে গুছিয়ে রাখুন।
카바레르 테빌 발로 바베 구치에 라쿤.

음식 씹는 소리가 나지 않게 식사하세요.
খাওয়ার সময় শব্দ না করে খান।
카오아르 서머이 셥더 나 꺼레 칸.

더 드릴까요?
আরো দিবো?
아로 디보?

더 먹어요.
আরো খান।
아로 칸.

더 주지 마세요.
আরো দিবেন না
아로 디벤 나.

빨리 드십시오.
জলদি খান।
절디 칸.

천천히 드십시오.
ধীরে ধীরে খান।
디레 디레 칸.

식사는 식당에서 하고 기숙사로 가져가지 마세요.
খাবার রেষ্টুরেন্টে খাবেন রুমে নিয়ে যাবেন না।
카바르 레스투렌테 카벤 루메 니에 자벤 나.

먹을 만큼만 담으세요.
যতটুকু খেতে পারবেন ততটুকু নিয়ে খান।
저떠투꾸 케떼 빠르벤 떠떠투꾸 니에 칸.

먹고 모자라면 더 가져다 드세요.
খাবার কম হলে আরো নিয়ো খান।
카바르 껌 홀레 아로 니에 칸

음식물을 남겨서는 안됩니다.
খাবার অপচয় করলে হবে না।
카바르 어뻐쩌이 꺼르레 허베 나.

식사하고 식기를 깨끗이 씻어 놓으세요.
খাবার শেষে থালা ভালোভাবে ধুয়ে রাখুন।
카바르 세세 타라 발로바배 두애 라쿤.

취사할 때는 불조심.
রান্নার সময় আগুন সাবধান।
란나르 서머이 아군 삽단.

취사하고 뒷정리를 깨끗이 하세요.
রান্নার পরে পরিস্কার করে রাখুন।
란나르 뻐레 뻐리스까르 꺼레 라쿤

기숙사 내에서는 요리를 할 수 없습니다.
থাকার ঘরের মধ্যে রান্না করা যাবে না।
타까르 거레르 머데 란나 꺼라 자베나.

기숙사 내에서는 화기 사용을 금합니다.
থাকার ঘরে আগুনের ব্যবহার নিষেধ।
타까르 거레 아구네르 배버하르 니세드.

필요한 것이 있으면 이야기 하세요.
কোন কিছু প্রয়োজন হলে বলেন।
꼬노 끼추 쁘러이전 헐레 벌렌

공휴일에는 하루분을 준비해 놓겠습니다.
ছুটির দিনের খাবার আগে নিয়ে রাখুন।
추티르 디네르 카바르 아게 니에 라쿤.

편식하지 말고 골고루 드십시오.
খাবার সময় বাছাবাছি না করে খান।
카바르 서머이 바차바치 나 꺼레 칸.

밥 대신 빵을 먹지 마세요.
ভাতের পরিবর্তে রুটি খাবেন না।
바떼르 뻐리버르떼 루티 카밴 나.

체력을 유지해야 하며 그것은 바로 우리 회사의
생산성에 영향을 미칩니다.
শরীর সুস্থ্য রাখাটাই হবে আমাদের
কোম্পানীতে উৎপাদনে সহায়তা করা.
서리르 숫터 라카타이 허베 아마데르 껌빠니떼 웃빠더네 서하어따꺼라.

식사는 하고 싶지 않아도 꼭 해야 합니다.
খাবার খেতে মন না চাইলেও অবশ্যই খেতে হবে।
카바르 케떼 먼 나 짜일레오 어버서이 케떼 허베.

만약 속이 좋지 않을 경우 담당자에게 허락받고
결식하십시오.
যদি পেট ভাল না থাকে তবে দায়িত্বরত
সুপারভাইজারকে জানিয়ে না খেয়ে থাকেন।
저디 뻴 발로 나 타께 떠베 다이또러떠 수빠르바이자르께 자니
에 나 케에 타껜.

점심 식사 시간은 12시부터 1시까지입니다.
দুপুরে খাওয়ার সময় ১২টা থেকে ১টা পর্যন্ত।
두뿌레 카오아르 서머이 바로타 테께 엒타 뻐르전뚜.

점심 식사 시간은 12시 반부터 1시 반까지입니다.
দুপুরে খাওয়ার সময় সাড়ে ১২টা থেকে দেড়টা
পর্যন্ত।
두뿌레 카오아르 서머이 사레 바로타 테께 데르타 뻐르전뚜.

저녁 식사 시간은 6시부터 6시 반까지입니다.
সন্ধ্যার খাওয়ার সময় ৬টা থেকে ৬টা ৩০মিনিট
পর্যন্ত।
선다르 카오아르 서머이 처타 테께 처타 뜨리쉬 미니트 뻐르전뚜.

저녁 식사 시간은 6시 반부터 7시까지입니다.
সন্ধ্যার খাওয়ার সময় সাড়ে ৬টা থেকে ৭টা পর্যন্ত ।
선다르 카오아르 서머이 사레 처이타 테께 샤뜨타 뻐르전뚜.

식사 시간에 늦지 마세요.
খাওয়ার সময় দেরী করবেন না ।
카오아르 서머이 데리 꺼르벤 나.

식후 쉬는 시간에 잘 쉬세요.
খাওয়ার পর ভালো বিশ্রাম করেন ।
카오아르 뻐르 발로 비스람 꺼렌.

잘 쉬지 않으면 일하기 힘들어요.
ভালো বিশ্রাম না করলে কাজে কষ্ট হবে ।
발로 비스람 나 꺼르레 까제 꺼스터 허베.

돼지고기 못 먹는 사람 누구세요?
শুকরের মাংশ না খাওয়ার লোক কে?
슈꺼레르 망셔 나 카오아르 룩 께?

쇠고기 못 먹는 사람 누구세요?
গরুর মাংশ না খাওয়ার লোক কে?
거루르 망셔 나 카오아 룩 께?

쇠고기 못 먹는 사람은 생선과 계란, 야채 먹어요.
মাংশ না খাওয়ার লোকেরা মাছ, ডিম ও সজি খান ।
망셔 나 카오아르 로께라 맟, 딤 오 섭지 칸.

11. 출·퇴근 및 외출 관리

কাজ শুরু-শেষ এবং বাহিরে যাওয়া-আসা তদারকি

출·퇴근 및 외출 관리
কাজ শুরু-শেষ এবং বাহিরে যাওয়া-আসা তদারকি

작업은 아침 7시에/7시 반에/8시에/8시 반에/9시에 시작해요.

কাজ সকাল ৭টায়/সাড়ে সাতটায়/আটটায়/সাড়ে আটটায়/ ৯টায় শুরু হয়।

까즈 셔깔 사뜨타에/사레 사뜨타에/앝타에/ 사레 앝타에 슈루 허이.

작업은 저녁 7시에/7시 반에/8시에 시작해요.

কাজ সন্ধ্যা ৭টায়/সাড়ে সাতটায়/ রাত আটটায়/ রাত সাড়ে আটটায়/ ৯টায় শুরু হয়।

까즈 선다 사뜨타에/사레 사뜨타에/라뜨 앝타에/라뜨 사레 앝타에 슈루 허이.

우리 회사는 주야로 일합니다.

আমাদের কোম্পানীতে রাত-দিন কাজ চলে।

아마데르 까르카나이 딘-라뜨 까즈 쩔래

주간 근무시간은 아침 8시부터 저녁 7시까지입니다.

দিনে কাজের সময় হলো সকাল ৮টা থেকে সন্ধ্যা ৭টা পর্যন্ত।

디에 까제르 서머이 헐로 서깔 앝타 테께 선다 사뜨타 뻐르전뚜.

야간 근무시간은 저녁 7시부터 다음 날 아침 8시까지 입니다.
রাতে কাজের সময় হলো সন্ধ্যা ৭টা থেকে পরের দিন সকাল ৮টা পর্যন্ত।
라떼 까제르 서머이 헐로 선다 사뜨타 테께 뻐레르 딘 서깔 얕타 뻐르전뚜.

이번주 월/화/수/목/금요일에는 잔업이 있습니다.
এই সপ্তাহ সোম/মংগল/বুধ/বৃহস্পতি/ শুক্র বার ওভার টাইম আছ।
에이 써쁘따헤 솜/멍걸/붇/브리허스뻐디/슈러 바래 오바르 타임 아체.

출근시간은 ~시입니다.
কাজে আসার সময় ~টা থেকে।
까제 아사르 서머이 ~타 테께

퇴근시간은 ~시입니다.
কাজ শেষের সময়~টায়।
까즈 쉐쉐르 서머에 ~ 타에

작업 시작 10분 전에는 작업장에 도착해요.
কাজ শুরু হওয়ার ১০মিনিট আগে কাজের জায়গায় হাজির হন।
까즈 슈루 허오아르 더스 미니트 아게 까제르 자이가에 하지르 헌.

이 10분은 급여에 포함되지 않습니다.
এই ১০মিনিট বেতনের সাথে যোগ হবে না।
에이 더스 미니트 베떠네르 샤테 족 허베 나.

업무가 끝나고 마무리 하는 시간(10분 정도)은 급
여에 포함되지 않습니다.
**কাজ শেষে গোজগাজ করার জন্য মিনিট দশেক
লাগলেও তা বেতনের সাথে যোগ হবে না**
까즈 쉐쉐 고스가스 꺼라르 전노 미니트 더쉑 락레요 따 베떠네
르 샤테 족 허베 나.

퇴근시간이 지나도 하던 일은 마치고 퇴근 하십시오.
**কাজের সময় শেষ হলেও হাতের কাজ শেষ
করে যেতে হবে।**
까제르 서머이 쉐스 헐레오 하떼르 까즈 쉐스 꺼레 제떼 허베.

작업 중, 작업 후 정리 정돈을 꼭 하세요.
**কাজ চলা কালিন, কাজ শেষে সব কিছু অবশ্যই
গুছিয়ে রাখুন।**
까즈 쩔라 깔린, 까즈 쉐쉐 섭 끼추 어버서이 구치에 라쿤.

지각하지 마십시오.
কাজে দেরি করে আসবেন না।
까제 데리 꺼레 아스벤 나

지각하면 급여에서 공제합니다.
কাজে দেরি করে আসলে বেতন থেকে কাটা হবে।
까제 데리 꺼레 아슬레 베떤 테께 까타 허베

출근시간을 철저히 지켜야 합니다.
**কাজে যোগদানের সময় কঠোর ভাবে মান্য
করানো হয়।**
까제 족다네르 서머이 꺼토르 바베 만녀 꺼라노 허이.

조퇴하면 급여에서 공제합니다.
নির্দিষ্ট সময়ের আগে কাজ ছেড়ে গেলে বেতন কাটা হবে।
니르디스터 서머에르 아게 까즈 체레 겔레 베떤 까타 허베.

1주일에 40시간 만근하지 않으면 휴일수당은 나가지 않습니다.
এক সপ্তাহে ৪০ঘন্টা কাজ সম্পন্ন না করলে সপ্তাহিক ছুটির দিনের বেতন দেওয়া হয়না।
엒 서쁘따헤 쩔리스 건타 까즈 섬뻔너 나 꺼르레 서쁘따휘 추티르 디네르 베떤 데오아 허이나.

밖에 나갈 때 꼭 말하고 가세요.
বাইরে যাওয়ার সময় অবশ্যই বলে যান।
바이레 자오아르 서머이 어버서이 벌레 잔.

언제 돌아올 건지 알려 주세요.
কখন ফিরে আসবেন জানান।
꺼컨 피레 아스벤 자난.

어디 갈 건지 알려주고 가세요.
কোথায় যাবেন জানিয়ে যান
꼬타에 자벤 자니에 잔.

외출시 항상 담당자에게 보고 하십시오.
বাহিরে যাবার সময় সর্বদা দায়িত্বরত ব্যাক্তিকে জানিয়ে যান।
바히레 자바르 서머이 서르버다 다이떠 러떠 벢띠께 자니에 잔.

외출 후 귀가시간을 철저히 지겨야 합니다
বাহির হতে ফিরে আসার সময় কঠোর ভাবে
পালন করাই ।
바히르 호때 피레 아사르 서머이 꺼터르 바베 빨런 꺼라이.

외출 후 ~시까지 귀사해야 합니다.
বাহির হতে ~টার মধ্যে ফিরে আসতে হবে ।
바히르 호떼......타르 모데 피레 아스떼 허베.

야간 외출을 금합니다.
রাতে বাহিরে যাওয়া নিষেধ ।
라떼 바히레 자오아 니세드.

정문을 출입할 때 경비원에게 꼭 말하세요.
প্রধান ফটক দিয়ে যাওয়া আসার সময়
পাহারাদারকে জানান ।
쁘러단 퍼턱 디에 자오아 아사르 서머이 빠하라다르께 잔난.

12. 동료간의 매너

사হকর্মীদের মধ্যে শিষ্টাচার

12

동료간의 매너
সহকর্মীদের মধ্যে শিষ্টাচার

동료들간에 싸움하면 안됩니다.
সহকর্মীরা মারামারি করলে হবে না।
서허꺼르미라 마라마리 꺼르레 허베나.

어떠한 논쟁이 생기더라도 상사에게 보고하여 해결해야 합니다.
যে কোনো বিবাদ সৃষ্টি হলে উচু পদের লোকদের জানিয়ে সমাধান করতে হবে।
제 꼬노 비받 스리티 헐레 우쭈 뻐데르 룩데르 자니에 서마단 껄때 허베.

동료를 볼 때마다 웃으면서 가볍게 인사하세요.
সহকর্মীদের সাথে যখনই দেখা হবে হাসিমুখে হালকা ভাবে সালাম দিবেন।
서허꺼르미데르 사테 전컨이 데카 허베 하시무케 할까 바베 살람 디벤.

다른 나라 외국인 근로자와 좋은 관계로 지냅시다.
অন্য বিদেশী শ্রমিকদের সাথে সুসম্পর্ক নিয়ে চলবেন।
언노 비데시 스러믺데르 사테 멑 수섬뻐르꺼 니에 쩔벤.

내국인과 좋은 관계로 지내십시오.
এ দেশীদের সাথে সুসম্পর্ক বজায় রাখুন।
에 데시데르 사테 수섬뻐르꺼 버자에 쩔룬.

동료 외국인 근로자와 친절한 관계로 지내십시오.
বিদেশী সহকর্মীদর সাথে বন্ধু সুলভ সম্পর্ক বজায় রাখুন।
비데시 서허꺼르미데르 사테 번두 술럽 섬뻐르꺼 벌자에 라쿤.

외국인 근로자 사이에 지역 감정은 자제해야 합니다.
বিদেশী শ্রমিকদের এলাকা ভিত্তিক ইমোশন অবশ্যই নিয়ন্ত্রণ করতে হবে।
비데시 스러믺데르 엘라까 비뜩 이모션 업서이 니언뜨런 꺼르떼 허베.

상사의 지시를 잘 따르세요.
উচু পদের লোকদের আদেশ ভালো ভাবে অনুসরণ করেন।
우쭈 뻐데르 룩데르 아데스 발로 바베 빨런 꺼렌.

윗사람에게 공손히 행동하세요.
উচু পদের লোকদের সাথে বিনীত ব্যবহার করেন।
우쭈 뻐데르 룩데르 사테 비니떠 배버하르 꺼렌.

윗사람을 볼 때마다 인사합시다.
উচু পদের লোকদের সাথে যখনই দখা হবে
সালাম দিবেন.
우쭈 뻐데르 룩데르 사테 저컨이 데카 허베 살람 디벤.

윗사람을 볼 때마다 웃으면서 인사합시다.
উচু পদের লোকদের সাথে যখনই দেখা হবে
হাসিমুখে সালাম দিবেন ।
우쭈 뻐데르 룩데르 사테 저컨이 데카 허베 하시무케 살람 디벤.

13. 작업현장 운영에 필요한 용어

কর্মস্থলে প্রয়োজনীয় বাক্যাবলী

작업현장 운영에
필요한 용어

কর্মস্থলে প্রয়োজনীয় বাক্যাবলী

다음 날 근무를 위해 준비하는 마음으로 일찍 잡시다.

পরের দিন কাজের প্রস্তুতি হিসাবে আর্লি ঘুমান।

쁘레레르 딘 까제르 쁘러스뚜띠 히사베 아르리 구만.

원활한 작업을 위해 매순간 몸과 마음의 준비를 하고 작업에 임하세요.

পরিপাটি ভাবে কাজ করার জন্য প্রতি মুহুর্ত শরীর ও মন প্রস্তুত করে কাজ করেন।

쁘리빠티 바베 까즈 꺼라르 전너 쁘러띠 무후르떠 셔리르 오 먼 쁘러스뚜뜨 꺼레 까즈 꺼렌.

근무시간 15분 전에 일터에 나와서 미리 작업 준비를 하세요.

কাজ শুরুর ১৫ মিনিট আগে কাজের জায়গায় এসে আগাম কাজের প্রস্তুতি নিন।

까즈 수루르 뻐네로 미니트 아게 까제르 자이가에 에세 아감 까제르 쁘러스뚜띠 닌.

작업 지시를 잘 듣고 제대로 이해해야 합니다.
কাজের আদেশ ভালো ভাবে শুনে ঠিক মত
বুঝতে হবে।
까제르 아데쉬 발로 바베 슈네 틱 머떠 부즈떼 허베.

한번에 이해하지 못하면 즉시 질문해서 다시 배워
야 합니다.
একবারে বুঝতে না পারলে বার বার প্রশ্ন করে
শিখে নিতে হবে।
엑바레 부즈떼 나 빠를레 바르 바르 쁘러스너 꺼레 쉬케 니떼 허
베.

이해하지 못한 상태에서 절대 작업하지 마세요.
না বুঝা অবস্থায় কিছুতেই কাজ করবেন না।
나 부자 어버스타에 끼추떼이 까즈 꺼르벤 나.

빨리 기술을 배우려는 마음을 가져야 합니다.
তাড়াতাড়ি কাজের কৌশল শিখার আগ্রহ
থাকতে হবে।
따라따리 까제르 꼬우설 시카르 악러허 탁떼 허베.

더 좋은 기술을 배우려는 자세를 가집시다.
কাজের আরো ভালো কৌশল শিখার মনোভাব
থাকতে হবে
까제르 아러 발로 꺼우설 시카르 머노밥 탁떼 허베.

고급기술을 익히는 외국인 근로자에게는 기술수
당을 지급 하겠습니다.
**উন্নত কৌশল জানা বিদেশী শ্রমিককে কৌশল
ভাতা দিবো**
운노떠 꼬우설 자나 비데시 쓰러믹께 꼬우설 바따 디보.

열심히 일하는 외국인 근로자에게만 연장근로를
지급 하겠습니다.
**মনোযোগ দিয়ে কাজ করা বিদেশী শ্রমিককে
শুধু অভার টাইম দিবো।**
머노족 디에 까즈 꺼라 비데시 스러믹께 수두 어바르타임 디보.

근무한 시간만큼 급여를 지급 하겠습니다.
যতটুকু কাজ করেছেন তার বেতন দিবো।
저떠 투꾸 까즈 꺼레첸 타르 베떤 디버

라하만씨 만큼만 열심히 일해 주세요.
**মি: রহমানর মতো মনোযোগ দিয়ো কাজ করে
দিন।**
라허미네르 머떠 머노족 디에 까즈 꺼레 딘.

최선을 다하여 불량품을 생산하지 않도록 노력하
세요..
**যথা সাধ্য নষ্টমাল উৎপাদন না করার চেষ্টা
করবেন।**
저타 샅더 너스터 말 욷빠던 나 꺼라르 쩨스타 꺼르벤.

만약 불량품이 생산되면 정품과 함께 섞어 놓지 맙시다.
যদি নষ্টমাল উৎপাদন হয় সেটা ভালো মালের সাথে মিশিয়ে রাখবেন না।
저디 너스터 말 웉빠던 허이 세타 발로 말레르 사테 미시에 락벤 나.

생산시 불량품이 나오면 숨기지 말고 담당자에게 보고하세요.
নষ্ট মাল উৎপাদন হলে না লুকিয়ে তদারক কারীকে দেখান।
너스터 말 웉빠던 헐레 나 루끼에 떠다럭 까리께 데칸.

실수했을 때에는 잘못을 숨기지 마세요.
ভুল করলে ভুল গোপন করবেন না।
불 꺼를레 어시까르 나 꺼레 씨깔 껄래 마프 꺼래 디버

시인하면 괜찮아요.
স্বীকার করলে সমস্যা নাই।
시까르 꺼르레 서머사 나이.

자기가 할 일을 스스로 찾아서 해야 합니다.
নিজের কাজ নিজেই খুজে করতে হবে।
니제르 까즈 니제이 쿠제 꺼르떼 허베.

항상 즐거운 마음으로 작업하세요.
সব সময় খুশী মনে কাজ করেন।
섭 서머에 쿠쉬 머네 까즈 꺼렌.

작업의 내용을 이해하지 못하거나 문제가 발생하
면 담당자에게 즉시 이야기 하세요.
কাজের বিষয় বুজতে না পারলে বা কাজে কোন
সমস্যা দেখা দিলে তখনি তদারক কারীকে
বলতে হবে।
까제르 비셔에 부즈떼 나 빠를레 바 까제 꼬너 서머샤 데카 딜레
떠커니 떠다럭 까리께 벌떼 허베.

작업 중 기계에 문제가 있다고 느껴지면 담당자에
게 즉시 이야기 하세요.
কাজের মধ্যে মেশিনে সমস্যা অনুভব করলে
তখনি তদারক কারীকে বলতে হবে।
까제르 멛데 메쉬네 서머샤 어누법 꺼를레 떠커니 떠다럭 까리께
벌떼 허베.

상관의 지시를 무시하고 자기 마음대로 작업하지
마세요.
উচ্চ পদহূদের আদেশ অমান্য করে নিজের মন
মত কাজ করবেন না।
우쩌 뻐더스터데르 아데쉬 어만너 꺼레 니제르 먼 머떠 까즈 껄
벤 나.

근무 시간에 서로 잡담하지 마세요.
কাজের সময় একে অপরে গল্প করবেন না।
까제르 서머에 에께 어뻐레 걸뻐 꺼르벤 나.

근무 시간에 핸드폰을 절대 사용하지 마세요.
কাজের সময় মুঠো ফোন কিছুতেই ব্যবহার করবেন না ।
까제르 서머에 무토 폰 끼추떼이 배버하르 꺼르벤 나.

근무 시간에 일 외에는 다른 것을 하지 마세요.
কাজের সময় কাজ ছাড়া অন্য কিছু করবেন না ।
까제르 서머에 까즈 차라 언너 끼추 꺼르벤 나.

근무 시간에 일에만 집중하세요.
কাজের সময় এক মাত্র কাজের দিকে মন দেন ।
까제르 서머에 엒 마뜨러 까제르 디께 먼 덴.

근무시간에 사용하는 용어를 메모해서 기억하세요.
কাজের সময় ব্যবহৃত শব্দ সমূহ মেমো করে মনে রাখেন ।
까제르 서머에 배버리떠 섭더 서무허 메모 꺼레 머네 라켄.

근무시간에는 게으름을 피지 말고 신속하게 행동합시다.
কাজের সময় অলসতা না করে চটপট আচরণ করেন ।
까제르 서머에 얼러서따 나 꺼레 쩔뻩 아쩌런 꺼렌

기계를 가동시킨 후에도 다른 일을 하거나 다른 곳에 가지 맙시다.
মশিন চালু করার পরে অন্য কাজ বা অন্য জাগায় যাবেন না।
메신 짤루 꺼라르 뻐레 언너 까즈 바 언너 자이가 자벤 나

근무시간에 졸지 말고, 기계에 문제가 발생하지 않 는가를 관찰 하십시오.
কাজের সময় ঝিম দিবেন না, মশিনে সমস্যা দেখা দেয় কিনা খেয়াল রাখবেন।
까제르 서머이 짐 디벤 나, 메시네 서머샤 데카 데에 끼나 케알 락벤.

기계를 깨끗이 청소하고 필요 시에는 기름칠을 합시다.
মশিন পরিস্কার রাখেন এবং প্রয়োজন হলে তেল দেন।
메신 뻐리스까르 라켄 에벙 쁘러어전 헐레 뗄 덴.

작업에 사용한 도구를 사용 후 제자리에 갖다 놓으세요.
কাজে ব্যবহৃত যন্ত্রপাতি ব্যবহারের পর যথা জায়গায় রাখেন।
까제 배버리떠 전뜨러빠띠 배버하레르 뿌르 저타 자이가에 라켄.

생산한 모든 제품을 꼼꼼히 점검하세요.
উৎপাদিত সকল পন্য নিখুঁত ভাবে পর্যবেক্ষণ করেন।
우뜨빠디떠 서껄 뻔너 니꾸뜨 바베 뿌르저베컨 꺼렌.

14. 안전에 대한 충고

নিরাপত্তা সমন্ধে উপদেশ

14

안전에 대한 충고
নিরাপত্তা সমন্ধে উপদেশ

기계가 작동 중 기계에 손을 넣지 마세요.
চলন্ত মেশিনে হাত দিবেন না।
쩔런떠 메시네 하뜨 디벤 나.

기계를 정지시킨 후 기계가 완전히 멈출 때까지 손을 넣지 마세요.
মেশিন বন্ধ করার পর একদম থেমে না যাওয়া পর্যন্ত হাত দিবেন না।
메신 번더 꺼라르 뻐르 엑덤 테메 나 자오아 뻐르전뚜 하뜨 디벤 나.

기계에 손을 댈 때에는 반드시 전원을 끄고 스위치 위에 "수리중"이라고 써 붙여야 해요.
মেশিনে হাত দেওয়ার সময় অবশ্যই সুইচ বন্ধ করে সুইচের উপরে "মেরামতের কাজ চলছে" লিখে লাগিয়ে দিতে হবে।
메시네 하뜨 데오아르 서머에 어버셔이 수이쯔 번더 꺼레 수이쩨르 우뻐레 "메라머떼르 까즈 쩔체' 리케 라기에 디떼 허베.

기계작동법을 모를 때는 손대지 말고 담당자에게 물어 보십시오.
মেশিন চালাতে না জানলে হাত দিবেন না, তদারক কারীকে জিজ্ঞাসা করেন।
메신 짤라떼 나 잔레 하뜨 디벤 나, 떠다뤽 까리께 지가사 꺼렌.

기계를 임의로 작동하지 마시오.
এলোমেলো ভাবে মেশিন চালু করবেন না.
메신 엘로 멜로 바베 짤루 껄벤 나.

기계에 이상이 있을 때에는 반드시 담당자의 지시를 받은 후 행동하십시오.
মেশিনে সমস্যা হলে অব্যশই তদারক কারীর পরামর্শ নিয়ে আচরণ করেন।
메시네 서머사 헐레 어버서이 더다럭 까리르 뻐라머르서 니에 아쩌런 거렌.

기계장비의 작동 및 취급 요령을 완전하게 숙지하십시오.
মেশিনের যান্ত্রীক সরমজ্ঞাম হ্যান্ডেলিং ও পুরাপুরি কর্মক্ষমতা অর্জন করুন।
메신네르 잔띠럭 서럼잠 핸데링 오 부라뿌리 꺼르머커머따 어르전 꺼룬.

기계를 근무 외 다른 목적으로 사용하지 마세요
মেশিন কাজের বাইরে অন্য উদ্দেশ্যে ব্যবহার করবেন না।
메신 까제르 바이레 언노 우데세 배버하르 꺼르벤 나.

작업의 종류에 따라 알맞게 보호구를 사용해야 합니다.
কাজের ধরণ অনুযায়ী প্রয়োজনীয় নিরাপত্তার সামগ্রী ব্যবহার করতে হবে।
까제르 더런 어누자이 쁘러오저니오 니라뻐따르 사먹리 배버하르 꺼르떼 허베.

작업장에서 안전 규칙을 잘 지켜야 합니다.
কাজের জায়গায় নিরাপত্তার নিয়ম কানুন পুরাপুরি পালন করতে হবে।
까제르 자에가에 니라뻐따르 니엄 까눈 뿌라뿌리 빨런 꺼르떼 허베.

작업장에 있는 안전보건 표지를 꼭 따라야 합니다.
কাজের জায়গায় নিরাপত্তা ও স্বাস্থ্য বিষয়ক চিহ্ন অবশ্যই অনুসরণ করতে হবে।
까제르 자에가에 니라뻐따 오 샀터 비셔에윽 찐허 어버서이 어누서런 꺼르떼 허베.

작업시 개인 보호구를 철저하게 사용해야 합니다.
কাজের সময় ব্যক্তিগত নিরাপত্তার সামগ্রী সঠিক ভাবে ব্যবহার করতে হবে।
까제르 서머이 뱈띠거떠 니라뻐따르 사먹리 서튁 바베 배버하르 꺼르떼 허베.

"안전"은 하루이틀 연습하는 것이 아니라 매일 연습해서 습관으로 만들어야 합니다.
"নিরাপত্তা" একদিন দুইদিন অনুশীলনের বিষয় নয়, প্রতিদিন অনুশীলন করে অভ্যাসে পরিনত করতে হবে।
"니라뻐따' 엒딘 두이딘 어누실러네르 비서에 너에, 쁘러띠 딘 어누실런 꺼레 업바세 뻐리너떠 꺼르떼 허베.

작업 도중이나 작업장 내에서는 담배를 피우지 마십시오.

কাজের সময় ও কাজের জায়গার ভিতরে ধুমপান নিষেধ

까제르 서머이 오 까제르 자이가르 비떠레 둠빤 니셑.

작업 후에는 전기시설, 난방시설, 기계 장치의 전원 을 반드시 확인하십시오.

কাজের শেষে বিদ্যুত, বয়লার ও মেশিনের সুইচ বন্ধ করাটা অবশ্যই নিশ্চিত করেন।

까제르 쉐쉐 비듯, 버일라르 오 메시네르 수이쯔 번도 꺼라타 어버서이 니시뜨 꺼렌.

근무 중에는 다른 일 절대 금지.

কাজের সময় অন্য কিছু করা অবশ্যই নিষেধ।

까제르 서머에 언노 끼추 꺼라 어버서이 니셑.

지게차 운전 면허 없는 사람은 지게차를 운전하면 안됩니다.

ফর্কলিফ্ট চালানোর লাইসেন্স না থাকা লোক ফর্কলিফ্ট চালালে হবে না।

퍼르끌리프트 짤라노르 라이선스 나 타까 룩 퍼르끌리프트 짤랄레 허베나.

현장에서 지게차 운전시 5Km를 초과하지 않도록 운전하는게 안전해요.

কোম্পানীর মধ্যে ফর্কলিফ্ট চালানোর সময় গতি বেগ ৫কি.মিটারের বেশী না হওয়া নিরাপদ।

껌빠니르 멑데 퍼르끌리프트 짤라노르 서머에 거띠 벡 빠쯔 길로 미타레르 베시 나 허오아 니라뻐.

지게차가 오가는 길에 서 있지 마세요.
ফর্কলিফ্ট চলাচলের পথে দাড়িয়ে থাকবেন না।
পর্কফ্লিফ্ট ছ্যলাছ্যলের পথে দারিয়ে থাকবেন না.

크레인 작동시 그 아래 서 있지 말고 3m정도 떨어진 곳에 있는게 안전해요.
ক্রেইন চলাচলের সময় তার নিচে না থেকে ৩মিটার দুরে থাকা নিরাপদ।
ক্রেইন ছ্যলাছ্যলের সমে তে তারু নিচ্ছে না থেক্কে ত্তিন মিতারু দুরে থাকা নিরাবেদ.

위험한 기계의 비상 스위치 위치와 사용법을 미리 숙지하세요.
বিপদজনক মেশিনের ইর্মাজেন্সি সুইচ কোথায় এবং ব্যবহারের নিয়ম আগেই জেনে নিন।
বিব্পেদ্জেনক্ মেসিনের ইমার্জেন্সি সুইচ্চ কোথাই এবং ব্যাবহারের নিয়ম আগেই জেনে নিন.

안전을 위한 5가지 주요 포인트 꼭 기억 하세요.
নিরাপত্তার জন্য ৫টা জরুরী পয়েন্ট অবশ্যই মনে রাখবেন।
নিরাবত্তার জন্য পাঁচতা জ্যারুরি পয়েন্ট অবশ্যই মনে রাখবেন.

1. 불안전한 행동을 하지 말 것
১. নিরাপত্তা হীন আচরণ না করা।
নিরাবত্তা হীন আচ্চরণ না করা.

2. 불안전한 상태를 만들지 말 것

২. নিরাপত্তা হীন অবস্থা সৃষ্টি না করা।

니라뻐따 힌 어버스타 스리티 나 꺼라.

3. 작업 시작 전, 위험 요소 유무를 확인 후 작업 시작할 것

৩. কাজ শুরু করার আগে বিপদজনক কিনা যাচাই করার পর কাজ শুরু করা।

까즈 슈루 꺼라르 아게 비뻗저넉 끼나 자짜이 꺼라르 뻐르 까즈 슈루 꺼라.

4. 작업 중 안전 규칙 철저히 지킬 것

৪. কাজ চলাকালিন সময় নিরাপদ ভাবে কাজ করার নিয়ম মেনে কাজ করা।

까즈 쩔라깔린 서머에 니라뻗 바베 까즈 꺼라르 니엄 메네 까즈 꺼라

5. 작업 중과 작업 끝난 후 작업장 정리정돈 할 것

৫. কাজ চলাকালিন সময় এবং কাজ শেষে কাজের জায়গা পরিপাটি ভাবে গুছিয়ে রাখা।

까즈 쩔라깔린 서머에 에벙 까즈 쉐쉐 까제르 자이가 뻐리빠티 바베 구치에 라카.

안전이 "제일" 항상 기억 하세요.

"নিরাপত্তাই প্রথম" সব সময় মনে রাখুন।

"니라뻐따이 쁘러텀" 섭 서머에 머네 라쿤.

15. 근로수당과 기타 필요한 용어

শ্রমভাতা ও অন্যান্য বাক্যাবলী

15 근로수당과 기타 필요한 용어

শ্রমভাতা ও অন্যান্য বাক্যাবলী

근로 기준법 대로 기본급
শ্রম আইন অনুসারে মুল বেতন
스럼 아인 어누사레 물 베떤.

잔업수당/연장 근로수당/특근 수당.
ওভার টাইম কাজের ভাতা
어바르 타임 까제르 바따.

잔업시간은 시급의 150%입니다.
ওভার টাইম কাজের ভাতা ১৫০%
어바르 타임 까제르 바따 데르서 빠르센트.

야간수당.
রাতে কাজের ভাতা
라떼 까제르 바따

야간수당은 22시부터 익일 06시까지 적용됩니다.
রাত দশটা থেকে পরের দিন সকাল ছয়টা পর্যন্ত রাতের কাজ ধরা হয়।
라뜨 더쉬타 테께 버레르 딘 서깔 처에타 빠르준떠 라떼르 까즈 더라 허에.

주휴일 근로수당.
সাপ্তাহিক ছুটির দিনের কাজের ভাতা
사쁘따휘 추티르 디네르 까제르 바따.

근로기준법대로 급여를 지급하겠습니다
শ্রম আইন অনুসারে বেতন প্রদান করবো।
스럼 아인 어누사레 베떤 쁘러단 꺼르보.

고정급으로 매달 ~원을 급여로 지급 하겠습니다.
প্রতি মাসে ফিক্সড ...... অন বেতন দিবো।
쁘러띠 마세 .... 퓍스드 원 베떤 디보.

매월 ~일에 급여를 지급 하겠습니다.
প্রতি মাসের ~ তারিখে বেতন প্রদান করবো।
쁘러띠 마세르 따리케 베떤 쁘러단 꺼르보.

오늘/내일/ 모레 급여를 지급 하겠습니다.
আজ / আগামীকাল / আগামী পারশু বেতন দিবো।
아즈 / 아가미깔 / 아가미 빠르슈 베떤 디보.

이번 주에 / 다음주에 지급 하겠습니다
এই সপ্তাহে / আগামী সপ্তাহে বেতন দিবো।
에이 서쁘따헤 / 아가미 서쁘따헤 베떤 디보.

사정이 있어서 이번 달 급여 다음 달 급여와 함께 지급 하겠습니다.
সমস্যা আছে এজন্য এমাসের বেতন আগামী মাসের বেতনের সাথে দিবো।
서멋사 아체 에전노 에마세르 베떤 아가미 마세르 베떠네르 사테 디보.

기본급은 매년 1월에 인상됩니다.
মূল বেতন প্রতি বছর ১ম মাসে বাড়বে।
물 베떤 쁘러띠 버처르 쁘러텀 마세 바르베.

급여명세서에 서명 하십시오.
বেতনের স্লিপে সাইন করেন।
베떠네르 슬리뻬 사인 꺼랜

실제로 근로기준 법보다 더 많은 급여를 주고 있습니다.
আসল শ্রম আইনের চেয়ে বেশি বেতন দিয়ে যাচ্ছি।
아설레 스럼 아이네르 쩨에 베시 베떤 디에 자쯔치.

건강 보험료 / 고용보험
স্বাস্থ্য বীমার ফি / বেকারত্ব বীমা
사스터 비마르 피 / 비까러떠 비마

근로소득세
শ্রমিকর আয়কর
스러미께르 아에꺼르

지방세
লোকাল ট্যাক্স
로깔 택스

공제금액
বাদ দেওয়া অর্থের পরিমান।
받 데오아 어르테르 뻐리만.

인터넷을 설치해 주세요.
ইন্টারনেট সংযোগ করে দেন।
인터넷 성족 꺼레 덴.

Wi-Fi를 설치해 주세요.
ওয়াই-ফাই সংযোগ করে দেন।
Wi-Fi 성족 꺼레 덴

휴대폰 사주세요.
মুঠো ফোন কিনে দিন।
무토 폰 끼네 딘.

휴대폰 요금
মুঠো ফোনের বিল
무토 포네르 빌.

인터넷 요금
ইন্টারনেটের বিল
인터네테르 빌.

가불금.
নগদ অগ্রীম অর্থ।
너걷 억림 어르터.

기타 공제액.
অন্যান্য বাদ দেওয়া অর্থ।
언난노 받 데오아 어르터.

작업 전에 반드시 출근 카드를 찍읍시다.
কাজ শুরুর আগে শেষের সময় অবশ্যই কার্ড পাঞ্চ করবেন।
까즈 수루르 아게 어버서이 카드 빤쯔 꺼르벤.

작업 후에 퇴근 시간에는 반드시 퇴근 카드를 찍읍시다.
কাজ শেষে যাওয়ার সময় অনয্যই কার্ড পাঞ্চ করবেন।
까즈 쉐쉐 자오아르 서머에 어버서이 카드 빤쯔 꺼르벤.

급여는 항상 은행 계좌로 지급 하겠습니다.
বেতনের সর্বদা ব্যাংক একাউন্টে প্রদান করবো।
베떤 서르버다 뱅끄 에까운테 쁘러단 꺼르보.

급여를 직접 받을 때 꼭 은행 계좌에 넣어서 관리 하세요.
বেতন সরাসরি হাতে পেলে অবশ্যই ব্যাংক একাউন্টে জমা করে তদারকি করেন।
베떤 서라서리 하떼 뻴레 어버서이 뱅끄 에까운테 저마 꺼레 떠다러 끼 꺼렌.

기속사내에서 돈이나 물건을 분실한 것에 대해 회사는 책임이 없습니다.
বসবাসের জায়গা থেকে টাকা বা জিনিস পত্র হারালে কোম্পানী দায়ী নয়।
버서바세르 자이가 테께 타까 바 지니스 뻣러 하랄레 껌빠니 다 이 너에.

본국에 돈을 보낼 때에는 항상 은행을 통해서 하세요.

দেশে টাকা পঠানোর সময় সর্বদা ব্যাংকের মাধ্যমে পাঠান।

데쉐 타까 빠타노르 서머에 서르버디 뱅께르 맏더메 빠탄.

불법적인 방법으로 절대 송금하면 안됩니다.

অবৈধ ভাবে কিছুতেই দেশে টাকা পাঠাবেন না।

어버이더 바베 끼추떼이 데쉐 타까 빠타벤 나.

급여 수령 후 전액 본국에 보내는 것보다 얼마씩 은행에 예금하는 것도 좋아요.

বেতন পাওয়ার পর সব দেশে না পাঠিয়ে কিছু অংশ নিজ ব্যাংক একাউন্টে জমা রাখাও ভালো।

베떤 빠오아르 뻐르 섭 데쉐 나 빠티에 기추 엉셔 닞 뱅크 에까운테 저마 라카오 발로.

한국의 법을 모두 다 지키세요.

কোরিয়ার সকল আইন ভালো পালন করেন।

꼬리안 서껄 아인 발로 빨런 꺼렌.

외국인은 추가로 출입국법도 잘 지켜야 합니다.

বিদেশী হিসাবে বাড়তি ইমিগ্রেশন আইন ভালো পালন করতে হবে।

비데시 히사베 바르띠 이미그레션 안인 발로 빨런 꺼르떼 허베.

কারো সাথে মারামারি করবেন না ।

까로 사테 마라마리 꺼르벤 나.

한국에서 마약을 사용하면 안됩니다.

কোরিয়াতে narcotic (নেশাকর ওষুধ) ব্যবহার করা যাবে না ।

꼬리아떼 네샤꺼르 오슐 배버하르 꺼라 자베나.

한국에서 마약을 구매하거나 판매하면 안됩니다.

কোরিয়াতে narcotic (নেশাকর ওষুধ) বেচা কেনা করা যাবে না ।

꼬리아떼 네샤꺼르 오슐 베짜 께나 꺼라 자베 나.

한국에서 마약을 소지하면 안됩니다.

কোরিয়াতে narcotic (নেশাকর ওষুধ) এমনি নিজের কাছে রাখা যাবে না ।

꼬리아떼 네샤꺼르 오슐 엠니 니제르 까체 라카 자베 나.

한국에서 성범죄를 저지르면 안됩니다.

কোরিয়াতে যৌন অপরাধ করা যাবে না ।

꼬리아떼 조우노 어뻐랕 꺼라 자베 나.

좋은 나라 한국에서 안전하게 사세요.

ভালো দেশ কোরিয়াতে নিরাপদ ভাবে বসবাস করেন ।

발로 데스 꼬리아떼 니라뻗 바베 버서바스 꺼렌.